JN331523

新装版

法華経のあらまし

二十八章と開・結

高橋勇夫

東方出版

法華経のあらまし　**目次**

開経　無量義経

開経 無量義経について

法華経の「はじめの章」（序品《じょほん》）に、

「仏はもろもろの菩薩のために、大乗経の無量義と名づける、菩薩を教え仏に守られたお経（無量義、教菩薩法、仏所護念）をお説きになり、この経を説き終えられ『無量義《むりょうぎ》処三昧《しょざんまい》』という禅定《ぜんじょう》にお入りになって身も心も微動だになさらなかった」とある。

つまり無量義経をお説きになって、つづいて法華経を説かれたとある。

また無量義経の第二章（説法品）には、

「私は、程なくなくなる（涅槃に入る）だろう」とある。

以上のように、仏は法華経を説くに先だって、この無量義経をお説きになったので、法華経の開経《かいきょう》とし、あとで述べる結経《けっきょう》の観普賢菩薩行法経とあわせて法華三部経とよばれる。

法華経は姚秦《ようしん》の弘始八年（四〇六）、鳩摩羅什《くまらじゅう》の訳だが、この無量義経は粛斉《しゅくせい》の建元《けんげん》三年（四八一）曇摩伽陀耶舎《どんまかだやしゃ》の訳すところである。

第一章　仏徳を讃歎す（徳行品《とくぎょうぼん》）

法華経と同じくマガダ国の首都王舎城《おうしゃじょう》の霊鷲山《りょうじゅせん》に、すぐれた声聞衆《しょうもんしゅう》（大比丘衆）万二千人、菩薩衆八万人、天・龍等の八部衆、四衆《ししゅう》（出家の男女、在家の男女）、転輪聖王《てんりんじょうおう》始め多くの輪王《りんおう》たち、国王、王子を始め一般の人たち、それぞれ多くの従者をつれて仏のもとに至り、仏を礼し一隅に坐した。

ここでそこに集った菩薩たちの名が、文殊菩薩をはじめとして列ねられてある。そしてそれらの菩薩がいかに徳の高い菩薩であるか詳しく述べられている。

まずそれらの菩薩たちは、肉体の束縛から離れ真理を体とする、すぐれた大菩薩（法身《ほっしん》の大士《だいし》）たちであった。そしてはかり知れぬ慈しみをいだいて人々の苦しみを救う大導師であり、あらゆる人々を迷いの岸からさとりの岸に渡す大船師《だいせんし》であり、病を正しく判断し病に応じて薬を飲ませる大医王《だいいおう》であり、一切の煩悩の悪魔を破す大調御《だいちょうご》であり、さとりにいたる六つの道（六波羅蜜）を完成し、仏の地にあって、仏の誓願力《せいがんりき》によって仏の国を浄《きよ》め、程なく無上のさとりを得る人たちである。

つづいて舎利弗、目連を始めとする声聞衆の名があげられ、これら万二千人は小乗のさとり（阿《あ》羅漢果《らかんが》）を得、煩悩を断じ、ほんとうのさとりを得た聖《ひじり》であった。

以上の多くの人々を代表して大荘厳菩薩《だいしょうごんぼさつ》は八万の菩薩たちと、仏のみもとにいたり、香を焚《た》き、華《はな》を散らし、衣や瓔珞《ようらく》や高価な宝珠が空から舞いおり、あたりに雲のように集って仏に献《たてま》った。また器にはそれはそれはすばらしい御馳走が盛られ、それを見、匂いをかぐだけで自然に満ち足りる思いであった。いたるところ幢《はたほこ》や幡《はた》や天蓋《てんがい》が置かれ、妙《たえ》なる音楽が流れた。

そして一同声を同じうして偈（韻文、詩のこと）をもって仏の徳を称えまつった。

「大なるかな、大悟大聖主《だいごだいしょうしゅ》（釈尊を歎美する言葉、大いなる悟りを得られた大いなる聖の意）」という言葉で始まる。

そして仏の身について、有名な三十四の「非《ひ》（あらず）」が説かれる。存在の真実相をさとられた仏の身は、あらゆる相対的立場を越えているものであることを「有《う》に非《あら》ず、無に非ず」以下（因《いん》・縁《ねん》）（自《じ》・佗《た》）（方・円・短長）（出・没・生滅）（造・起・為作《いさ》）（坐《ざ》・臥《が》・行住《ぎょうじゅう》）（動・転・閑静《げんじょう》）（進《しん》・退・安危）（是・非・得失）（彼《ひ》・比《し》・去来《こらい》）（青《しょう》・黄《おう》・赤白《しゃくびゃく》）（紅《く》・紫《し》・種々色《しゅじゅしょく》）それらのいずれをも「非《あら》ず」と否定している。

そして戒《かい》・定《じょう》・慧《え》・三昧《ざんまい》・六通《ろくつう》・道品《どうぼん》・慈悲《じひ》・十力《じゅうりき》・無畏《むい》等の徳目をあげ、さらに仏の姿をくわしく述べて「かくの如く三十二相、八十種好《しゅごう》あり」と結び、なればこそ我ら八万の衆ともどもに仏に帰依《きえ》したてまつる、と。そしてその仏は、四つの真理（四諦《したい》）、六つのさとりへの道（六《ろく》度《ど》）、迷いの生の拠《よ》って起るところの無明《むみょう》（十二因縁《いんねん》）を説かれ、これを聞くものは、生れかわり死にかわりくりかえす迷いの生を断じ声聞《しょうもん》、縁覚《えんがく》、菩薩《ぼさつ》の境地にいたる。

仏はその昔、はてしない歳月、あらゆる徳をおさめ、その徳はあらゆる人々に及ぼされた。仏は財宝、妻子、国城などあらゆるものを捨て、物心ともに措しむことなく、人々に施された。また仏の清浄《しょうじょう》の禁戒を守り、命を失うほどのことあっても傷つくことなく、刀杖《とうじょう》をもって害を加え、悪口《あっく》、罵《ののし》りなど受けても瞋《いか》らず、長い歳月身を挫《くだ》いて努力して倦《う》むこと知らず、昼夜心をおさめ禅定《ぜんじょう》に入り、あらゆる修行を完成された。なればこそ、今あらゆる教えにおいて碍《さまた》げなく自在を得て法王となられた。我らいかなる努力も惜しまず、仏に帰依したてまつる、と。

第二章　無量義は一法より生ず（説法品《せっぽうぼん》）

まず大荘厳菩薩《だいしょうごん》ら八万の大菩薩たちは、仏の法において、おたずねしたいことがあります、どうかお聴きくださいますでしょうか、と。

これに答えて仏は—

「すばらしいことだ。ちょうど良い時だ。仏はまもなくなくなる（涅槃に入る）だろう。仏なきあとにお前たちの疑問が残らないよう、何なりと聞くがよい」と。

そこで大荘厳菩薩らは、無上のさとりを得るためには、いかなる法門を修行すべきでしょうかと。

そこで仏が言われるには、

「一つの法門がある。この法門を学べば、速やかに無上のさとりにいたる」と。そこで大荘厳菩薩は、その一つの法門とは一体何ですか、と問う。以下これに対する仏の答えである。

その一つの法門というのは「無量義」である。まずこの無量義という法門を修学するためには、すべての存在は大・小、生《しょう》・滅《めつ》、住《じゅう》・動《どう》、進・退という相対的な立場をこえて、あるがままにあるのであって、こうした相対的な二つの立場はないのだということを知るべきである。にもかかわらず迷える人々は、此《これ》と彼《かれ》、得《とく》と失《しつ》というようにみだりに判断して、不善の心を起し、あらゆる悪因縁をつくって生れかわり死にかわり迷いをくりかえし、あらゆる苦しみを受け、永劫《えいごう》そこから抜け出せないでいる。菩薩はこのことをはっきり知って、憐れみの心を起し、人々を救わんと、さらにまた深く存在の姿を見る。

すべての存在は生じ（生《しょう》）生の位に暫し停《とどま》り（住《じゅう》）、やがて変化し（異《い》）、かくして滅する（滅《めつ》）という、すべての存在は生《しょう》、住《じゅう》、異《い》、滅《めつ》の四相《しそう》においてあり、刻々に移りゆくものであることを深く観察しなければならない。このように観察する時、人々の持っている過去の習性と現在の欲望というものが千変万化であることを知る。この過去の習性と現在の欲望（性欲《しょうよく》）が千変万化（無量）であるから、それに対応する仏の説法もまた千変万化である。仏の説かれる説法が千変万化であれば、それぞれそれに応じて説かれる道理（義）もまた千変万化である。しかしそれぞれに応じて説かれる道理（義）が千変万化（無量）ではあるが、その基本はただ一つの教えである。その一つの法とは、相対的立場をこえた真如実相（無相《むそう》）にほかならない（性欲《しょうよく》無量なるが故に説法無量なり。説法無量なるが故に義も亦た無量なり。無量義とは一法より生ず。其の一法とは即ち無相なり）。このように無量義を修学するものは、必ず速やかに無上のさとりを得るであろう。だから速やかに無上のさとりを得ようとするものは、まさにこの大乗無量義経を修学するべし、と。

そこで大荘厳菩薩らは、仏の説法の不可思議なるを歎《たん》じた上で、仏が昔説きたもうところと、今説きたもうところと、どんな違いがあるのでしょうか、とたずねます。

これに対して仏が答えられます。

仏は、さきに菩提樹のもと、道場に坐して六年、ついに無上のさとりを得た。そしてさとりの立場に立って、あらゆる存在の姿を観察するに、多くの人々の過去の習性と現在の欲望（性欲《しょうよく》）は千変万化、容易に説くことはできない。そこでその千変万化の人々の過去の習性と現在の欲望のままに、それぞれの人に、それぞれの教えを説いた。これはあくまでも相手に応じて説いたてだて（方便）にすぎない。今まで四十余年、いまだ仏の真意を述べるには至っていない（四十余年未《み》顕《けん》真《しん》実《じつ》）。だから、多くの人々は千変万化の過去の習性と現在の欲望に応じた教えを聞いて、それなりの道を得てはいるものの、究極の無上のさとりには至っていない。

仏は「すべての存在は念々刻々四相《しそう》（生・住・異・滅）において変化し、存在の真相は空《くう》である」

と、初めも説き、中にも説き、後にも説いた。同じことを初、中、後、に説き、言葉は同じだけれど、受けとる人によって理解は異なり、従って得るところの道もまた異なっている。

仏がさとりを得てから、今日大乗無量義経を説くまで、同じことを説いてきた。だが同じことを説きはしたが、多くの人々の声に応じ、あらゆる姿をあらわし、あらゆる形をもって、それぞれに説いてきたのである。まさにこれは仏の不可思議、甚深《じんじん》の境地で、二乗も、十地《じゅうじ》（菩薩修行の最高位、あとは仏の境地を残すのみ）の菩薩も知り得るところではない。ただ仏と仏とのみ、その真意を知り尽くすばかりである。

以上のようなわけだから、速やかに無上のさとりを得ようと思うならば、このように甚深無上大乗無量義経を修学すべし、と。

仏がこれをお説きになった時、三千大千世界の大地は六種に揺れ動き、あらゆるめでたいしるしがあらわれ、菩薩をはじめ、この説法を聞いていた多くの人たちは、それぞれに道を得、かぎりない人々が無上のさとりを求める心をおこした。

第三章　十の不思議の功徳力（十功徳品《じゅうくどくほん》）

そこで大荘厳菩薩は仏に言う――

「この微妙《みみょう》甚深《じんじん》無上大乗無量義経《むじょうだいじょうむりょうぎきょう》は、まことに甚深甚深甚深であります。一たび聞けば一切の存在の真実相を知ることができます。また大変な利益《りやく》があります。どうか仏よ、多くの人々のためにこの経の甚深不思議であることをさらによくわかるようにお説きください。仏よ、この経はいずれの処から来て、いずれの処に去り、いずれの処に住するのでありましょうか」と。

そこで仏は、

「この経はもともろもろの仏の大慈悲より来り、あらゆる人々の無上のさとりを求める心にいたり、もろもろの菩薩たちの修行する処にとどまる（住す）」と前置きして、十の不思議の功徳力《くどくりき》を述べられます。

①浄心《じょうしん》不《ふ》思《し》議力《ぎりき》

あらゆる人々の心の中のあらゆる悪に根ざすすべての心を洗い清め、あらゆる煩悩を断じ、さとりを求める心を起こさせる。

②義生《ぎしょう》不《ふ》思《し》議力《ぎりき》

この経典は、例えば一つの種子《たね》から百千万の種子を生み、その一つ一つの種子がさらに百千万の種子を生ずるように、一つの教え（一法）から百千の義を生じ、さらにその一つ一つの教えからさらに百千万数の義を生ずる。だからこれを無量義というのである。

③船師《せんし》不思議力

五道《ごどう》（地獄、餓鬼、畜生、修羅、人間）の迷える人々が、百八の煩悩をかかえた重病にかかり、迷いの生死《しょうじ》をくりかえしていても、大乗無量義経という堅牢《けんろう》な船によってそのままさとりの岸にいたり、迷いの生死を脱することができる。

④王子《おうじ》不思議力

ある国に王子が誕生した。次第に成長して七歳に達した。この王子はまだ若くて国政を見るまでには至らないが、多くの大王の子に守られ、国民に尊敬された。そのように、この経を聞くものは、もろもろの菩薩たちの仲間となり、多くの仏たちに守られて、自らはさとっていなくとも他の人々を救うことができるであろう。

⑤龍子《りゅうし》不思議力

龍《たつ》の子が生れてわずか七日にして、よく雲をおこし雨を降らすように、仏の在世または仏なきあと、この大乗無量義経を受持《じゅじ》、読誦《どくじゅ》、書写《しょしゃ》するものは、煩悩を断ぜず、凡夫《ぼんぶ》のままで大菩薩の道を顕《あらわ》し人々の心を悦《よろこ》ばせ、信仰の道に入らせるであろう。

⑥治等《ちとう》不思議力

ある国の王子はまだ若かったが、王が他国を巡遊するとか、あるいは王が病の床に伏すとかした時、この王子が大王の命によって多くの役人たちに命令し、正しく国を治《おさ》め、国民もまた王子の統治に従うこと大王と何ら変りがないように、仏の在世あるいは仏なきあと、この経を受持、読誦するものは、なお煩悩を断ぜずといえども、しかも人々のために法を説き、生れかわり死にかわりくりかえす迷いの世界を脱し、あらゆる苦しみを脱れ、それなりの果報《むくい》を得ること、あたかも仏と変りないがごとくである。

⑦賞封《しょうふ》不思議力

人、王のために敵を倒し功をあげたならば、王は喜んでその人に半国の封地《ほうち》を与えるように、仏の在世または仏なきあと、この経を受持、読誦、書写、解説《げせつ》し、説かれたままに修行し、さとりを求める心を起し、善き果報を得る善因を修し、あわれみの心をおこしてあらゆる人々を救おうとするならば、さとりにいたる六つの道（六波羅蜜）を、なお修行するにいたっていなくとも、六つの道は自らにその人の身に現じ、煩悩は一時に断ぜられ、菩薩修行最高の十地《じゅうち》の第七地に登り大菩薩の位に与《あずか》るであろう。（六度の法宝《ほうほう》、求めざるに自から至ることを得たり）

⑧得忍《とくにん》不思議力

もし人あって仏の在世または仏なきあと、この経を頂くことあたかも仏の如く、この経を受持、読誦、書写し、教えの如く修行し、生活の規律を守り（持戒）、あらゆることに耐え忍び（忍辱《にんにく》）かねて施《ほどこ》し（布施《ふせ》）この大乗無量義経を広く人のために説くものがあったとしよう。因果《いんが》の道理（罪《ざい》福《ふく》）を信じないものにこの経を示し、てだて（方便）を設けて強力に説くならば、この経の力によってその人は信心を起し、忽然《こつぜん》として仏の道に入るだろう。そして努力精進《しょうじん》をつづけ、この経の力によってこの上もない菩薩の道に入るであろう。

⑨抜済《ばっさい》不思議力

仏の在世またはなきあと、この経を得て大いに歓喜《かんぎ》し、受持、読誦、書写し、供養して、広く人々のためにこの経を説くものは、前世の行為の結果のもろもろの重い罪業も一時になくなって、身清浄《しょうじょう》となり、大弁才《だいべんざい》を得、さとりへの道を得、あらゆる三昧《さんまい》（禅定《ぜんじょう》）わけて首楞厳三昧《しゅりょうごんさんまい》（勇《ゆう》伏定《ふくじょう》）を得、陀羅尼を体得し、努力をつみかさねて、菩薩の十地《じゅうじ》のうち第九地をこえるにいたり、その身をわけ十方の世界に遍《あまね》く行きわたり、あらゆる迷いの世界で苦しみぬいている人々を救い（抜済《ばっさい》し）、すべての人々をさとりに入らしめるであろう。

⑩登地《とうじ》不思議力

仏の在世あるいは仏なきあと、この経を得て大いに歓喜し、受持、読誦、書写、供養し教えのままに修行し、また広く他人にすすめ、受持、読誦、書写、供養、解説し、教えのままに修行せしめたとしよう。すでに他人にこの経を修行せしめた功徳をもってその身に悪法を起らしめざる力用《りきゆう》（陀羅尼）を得、煩悩を断ぜず迷える世界にありながら仏の誓願を起して人々を救わんとし、あわれみをもって多くの人々の苦しみを除き、菩薩の境界《きょうがい》の最高の第十地にいたり、間もなく無上のさとりにいたるであろう。

以上のように多くの人々をして煩悩を断ぜず迷いの世界にありながら、仏道への芽を目ざませ、多くの功徳を増長させる。だからこの経を不可思議の功徳力と名づける。

そこで大荘厳菩薩《だいしょうごん》を始め八万の菩薩は声を同じうしてこの甚深微妙無上大乗無量義経《じんじんみみょうむじょうだいじょうむりょうぎきょう》の徳を讃歎《さんだん》した。

この時、三千大千世界の大地は六種に揺れ動き、はかり知れぬ、めでたいしるしがあらわれた。

その時、仏は大荘厳菩薩を始め八万の菩薩たちに、この経を敬い、教えのままに修行し、広く多くの人々に弘めよ。そして多くの人々に利益《りやく》を得させよ。これこそがお前たちの大慈大悲《だいじだいひ》である。これによってお前たちを速やかに無上のさとりにいたらしめるであろう、と述べられる。

これに対し大荘厳菩薩を始め八万の菩薩たちは仏のみもとにいたり、この経を広く流布《るふ》せしめ、多くの人々に受持、読誦、書写、供養せしめ、この経の功徳を得させるでしょうと誓う。

これに対し仏は、

「すばらしいことだ。お前たちは真の仏子である。大慈大悲をもって人々の苦しみを除くものであり、すべての人々の大導師《だいどうし》となった。すべての人々の大いなる拠《よ》りどころであり、すべての人々の施主である。仏の教えによる利益《りやく》を多くの人に施せ」と。

その時、そこに集っていたみんなは、大いなる悦びのうちに、仏を礼拝し、み教えをいただいて去っていった。

妙法蓮華経

一、はじめの章（序品《じょほん》）

①法華経説法の場

「このように聞いております。ある時のこと、仏はマガダ国の首都ラージャグリハ（王舎城《おうしゃじょう》）のグリドラ・クータ（耆闍崛山《ぎしゃっくせん》）にいらっしゃって、立派な僧たち一万二千人とご一緒でした。みんな小乗のさとりを得た人で、三毒（むさぼり・いかり・おろかさ）、五欲（財欲・色欲・飲食欲・名誉欲・睡眠欲）の心のまよいを離れ、自己のさとりを完成し、空《くう》に徹し、真の自由を得た方ばかりでした」

これが鳩摩羅什《くまらじゅう》訳の妙法蓮華経の書き出しの文です。そして以下その人たちの名がつぎつぎに述べられます。

まず舎利弗《しゃりほつ》、目連《もくれん》、大迦葉《だいかしょう》など十大弟子を始め、多くの男性の弟子たち。仏の養母摩訶波闍波提《まかはじゃはだい》、仏の妃だった耶輸陀羅《やしゅだら》等の女性の弟子たち。ついで文殊菩薩《もんじゅぼさつ》、観世音菩薩《かんぜおんぼさつ》を始めとする多くの菩薩たち。そして仏法を守護する八部衆の天、龍、緊那羅王《きんならおう》、乾闥婆王《けんだつばおう》、阿修羅王《あしゅらおう》、迦楼羅王《かるらおう》など。最後にマガダ国の阿闍世王《あじゃせおう》。いずれも多くの従者をつれ、いずれも仏のみ足をいただき、一同座につきました。

仏はさきに無量義経（法華経の開経）をお説きになったあと、静かに禅定に入って微動だになさらず、ずっと瞑想をつづけておられました。

②六つの不思議

この時、いろいろの不思議を現ぜられます。①無量義経を説き、②禅定に入られ、③天から美しい花々が降り、④大地は六種に揺れ動き、⑤並居《なみい》る大衆は心に大きな喜びをおぼえ、⑥そして仏は眉間《みけん》の白毫相《びゃくごうそう》から光を放って東方万八千の世界を照らされます。以上をこの世界の六つの不思議（此土《しど》の六瑞《ろくずい》）といいます。

そしてその時、その光に照らされて、①他の世界の衆生（地獄《じごく》・餓鬼《がき》・畜生《ちくしょう》・修羅《しゅら》・人間・天）を見、②多くの仏たちを見、③その仏たちの説法を聴き、④四衆《ししゅう》（男性の出家者・女性の出家者・男性の在家者・女性の在家者）が修行し、さとりを得る姿を見、⑤菩薩たちが菩薩道を修行する姿を見、⑥仏たちがおなくなりになり、そのお骨（舎利《しゃり》）をおまつりする立派な塔を建てる様子を見た。これを他の世界の六つの不思議（他土《たど》の六瑞《ろくずい》）といいます。

③弥勒菩薩等の疑い

この不思議をまのあたりに見た弥勒菩薩や多くの人々は——

「いま、仏はかく不思議を現わされた。どういうわけであろうか。誰に聞けばいいのか」と。そして「文殊菩薩は、過去すでに多くの仏たちに接し、供養をなさっている。必ずこの不思議のわけを知っておいでになるだろう。たずねてみよう」と。

そこで弥勒菩薩は多くの人たちの疑いを代表して、文殊菩薩におたずねします。

「いま見たこの仏の現わされた不思議、わけて大光明を放って東方万八千の世界を照らされました。一体、どんなわけがあるのでしょう」と。

④弥勒菩薩かさねて問う

経典には散文で書かれた「長行《じょうごう》」のあと、「かさねて此義《このぎ》を述べんと欲《ほっ》して偈《げ》を説いて曰《いわ》く」とあって、すでに述べたところを「偈」（韻文・詩のこと）でくりかえし述べられることがしばしばです。ここでも弥勒菩薩が、この世界と他の世界で起った六つの不思議をくりかえし「偈」で述べます。くりかえし述べるのですが、さきの「長行」とあとの「偈」と内容が全く同じではないのです。大旨は同じですが表現が異なります。ここではさきの「長行」より説明が詳細にわたります。わけて光で照らされた他の世界の不思議に⑤菩薩たちが菩薩道を修行すると簡単に述べてありましたが、この「偈」では菩薩の修行の方法とされる「六つのさとりへの道」（六波羅蜜《ろくはらみつ》）の一つ一つを取りあげます。

まず順に従って、①ほどこし（布施《ふせ》）、これも物質的なほどこし・身体のほどこし・いのちのほどこしと三つ説かれます。②戒《かい》を持《たも》つこと（持戒《じかい》）、③努力（精進《しょうじん》）、④耐え忍ぶこと（忍辱《にんにく》）、⑤

精神統一（禅定《ぜんじょう》）、⑥仏の智慧（智慧《ちえ》）と説き、さらにもう一度くりかえして精神統一、努力、戒を持つ、耐え忍ぶ、再度精神統一、ほどこし、仏の智慧が説かれます。

そして弥勒菩薩の問いもくわしく述べられます。

⑤文殊菩薩の答え

これに対して文殊菩薩は答えられます。

「私がつらつら考えてみるのに、今、仏は大切な教えをお説きになろうとしておられるのだ」と前置きして次のように述べます。

私は過去の仏たちがこのような不思議を示されたのを見たが、この眉間《みけん》の白毫相《びゃくごうそう》から光を放たれ、のち大切な教えをお説きになった。今、こうして仏が光を放たれたのも、またそのように、多くの人々にこの世で容易に理解し得ないような教えを、真に信解《しんげ》させようとしてこの不思議を示されたものであろう。

それはそれは遠い昔に、日月燈明如来《にちがっとうみょうにょらい》という仏さまがいらっしゃった。その仏が大切な教えをお説きになり、初めも、途中も、終りも、それはそれは素晴しかった（初善《しょぜん》・中善《ちゅうぜん》・後善《ごぜん》）。その教えは大変深く、大変ことば巧《たくみ》に話され、全く純粋な教えで、さとりにいたる真実の道が備わっていた。そして仏の教えを聞いて悟りを得ようとする者（声聞《しょうもん》）には、生・老・病・死の人生の苦（四苦）とそれを乗りこえてさとりにいたる道（四諦《したい》）を説き、自然の万象を縁としてさとりを得ようとする者（縁覚《えんがく》）には、現実の人生苦のよって起るところは四諦に対する無知（無明《むみょう》）にあること（十二因縁《じゅうにいんねん》）を説き、究極の悟りを求める者（菩薩）には、施し・生活の規律・耐え忍ぶこと・努力・精神統一・仏の智慧の六つのさとりへの道（六波羅蜜《ろくはらみつ》）を説き、無上の悟り（阿耨多羅三藐三菩提《あのくたらさんみゃくさんぼだい》）を得、仏の究極の悟りを得させられた。

そして次にまた同じく日月燈明如来という名の仏が出現され、さらにまた同じく日月燈明如来という仏が出現され、このように二万の仏が相ついで出現されたが、いずれも日月燈明如来と申しあげた。

この最後の日月燈明如来がまだ出家なさらなかった時、八人の王子がおられた。この八人の王子は、父の日月燈明如来が出家し究極のさとりを得られたと聞いて、こぞって出家し、大乗の教えを学び、多くの仏たちについて善き果報を得る修行を積まれた。

この時、日月燈明如来は、無量義経をお説きになり、この経を説きおわって静かに坐禅され、身心ともに微動だにされなかった。この時、天から美しい花々が仏および多くの人々の上に降り、大地は六種に揺れ動いた。その時、その座に居た人々は大きな喜びを感じ一心に仏を見たてまつった。その時、仏は眉間の白毫相から光を放って東方万八千の世界を照し、その光の及ばないところとてなかった。ちょうど今私たちが仏の光に照らされて見た仏の国と全く同じであった。その時に、その座に居た二十億の菩薩たちはその光明普く世界を照すのを見て、どうしてこうした不思議が起るのかそのわけを知ろうと思った。

この時、八百人の弟子を従えた妙光菩薩がいらっしゃった。日月燈明如来は静かに坐禅から起《た》って、この妙光菩薩のために大変長い間（六十小劫《しょうこう》）かかって妙法蓮華経をお説きになった。この間、仏は座をお起ちにならなかった。この時、説法を聴いていた多くの人々も、同じくこの間、身動きもなさらず、仏の教えを聴いているのが、一回の食事をするほどのわずかの時間にしか思えなかった。そしてその間、誰一人として身も心も倦《う》むことを知らなかった。

この長い間（六十小劫）かかって妙法蓮華経を説き終えられて、仏は多くの人々にこうおっしゃった。「仏は今夜半なくなる（無余涅槃《むよねはん》）であろう」と。

この時、日月燈明如来は徳蔵菩薩にやがて仏になるであろうと予言（授記）され、夜半おなくなりになった。かくて日月燈明如来がおなくなりになったあと、妙光菩薩は多くの人のために妙法蓮華経をお説きになった。

さきに言った日月燈明如来の八人の王子は、みなこの妙光菩薩を師とし、限りない多くの仏に供養して、究極のさとりを開かれた。その最後に仏となられた方を燃燈《ねんとう》という。

妙光菩薩の八百人の弟子のなかに、求名《ぐみょう》という人があった。この人は世の利欲に執着し心迷う人であった。多くの教えを学んでも、なかなかその意を十分理解できず、またしてもその教えを忘れてしまうという始末であった。そこで名誉や利欲を求めるという意味で「求名」と名づけられた。でもこの求名は、いろいろ善果を得る功徳を積み、限りない多くの仏にお会いすることが出来、この多くの仏たちに供養なさったということです。

弥勒菩薩よ、この妙光菩薩とはほかならぬこの私・文殊菩薩であり、求名菩薩とは、汝・弥勒菩薩にほかならないのである。

だから、今、この仏の示し給うた不思議の姿（此土六瑞・他土六瑞）を見て、その昔の日月燈明如来の時と全く同じで、考えて見るに、おそらく仏は妙法蓮華経をお説きになるであろう、と。

ここで再び「偈頌《げじゅ》」となる。

日月燈明如来のもと、この世界、彼の世界での六つの不思議（此土《しど》の六瑞《ろくずい》・他土《たど》の六瑞）から、多くの人たちの問い、妙光菩薩、求名の登場と基本的にはさきに述べてきた長行の部分と同じである。

だが、日月燈明如来が法華経をお説きになったあと、「存在の真実のすがた」（諸法実相）を説き終ったとあり、また利欲に溺れた求名が修行の末、日月燈明如来に弥勒となるであろうとの予言（授記）を得ている。そして、いよいよ最後に——

「その昔の日月燈明如来のことに考え及ぶに、今、仏が光明を放ち多くの不思議を現ぜられたのは、『存在の真実のすがた』（諸法実相）を明らかにされるにちがいない。みんな合掌して一心に待つがよい」ということばで「はじめの章」（序品《じょほん》）は終る。

二、唯《た》だ一乗《いちじょう》の法のみあり(方便品《ほうべんぼん》)

①無問自説

以上のように「はじめの章」は、仏は端座して身も心も微動だになさらず、ただ多くの奇瑞《ふしぎ》を示され、文殊菩薩の経験した過去の仏の例からいって、仏が必ずや妙法蓮華経をお説きになるにちがいない、と結ばれています。

第二章の冒頭は――

「その時に仏は禅定《ぜんじょう》から静かに起って舎利弗《しゃりほっ》に告げたまわく……」と始まります。のちの言葉で言うと「またよく問うものなし。問うことなけれども、しかも自ら説いて……」とあります。多くの経典をふりかえってみると、仏はつねに、弟子たちの問いを待って、懇《ねんご》ろにお説きになるのが常です。ところがこの法華経は弟子の問いを待たずに、仏自ら説き起されるのです(無問自《むもんじ》説《せっ》)。従来の諸経典は弟子たちの心に従って説かれたのですが、ここでは仏が自ら自己の立場に立ってお説きになるのです(随自意《ずいじい》の法門)。

そしてまず舎利弗に「諸仏の智慧はいとも深く測《はか》りがたい。仏弟子(声聞《しょうもん》)や、万象を縁として自らさとったもの（辟支仏《ひゃくしぶつ》つまり縁覚《えんがく》または独覚《どっかく》）の到底知ることの出来ないところだ」と宣言されます。

そして仏は未だかつてないはかり知れない法を完成されたのだ。ただ仏と仏とのみがこの存在の真実の姿（諸法実相）を究めつくされたのだ、それは存在の「すがた（相）」「性質（性）」「実体（体）」「可能性（力）」「はたらき（作）」であり、「原因（因）」「条件（縁）」「結果（果）」「むくい（報）」であり、以上は究極して一つなのだ（本末究竟等）、と。（一念三千の一つの典拠）

以下「偈」でくりかえされます。

仏の究極のさとりは、見るもの（主観）と見られるもの（客観）とによってとらえられる表現の世界を越えている（言辞《ごんじ》の相《そう》、寂滅《じゃくめつ》せり）。たとえ智慧第一の舎利弗のような人々が十方に満ちるほど居て、たとえどんなに考えぬいたとしても、また煩悩を断ち切った縁覚の人々がたとえ竹の林の数のように多くいて仏の智慧を考えたとしても、一念発起《いちねんほっき》した菩薩や、仏道修行の過程で再び退転《たいてん》することのない菩薩たちが心をこめて思いめぐらしたとしても、仏の智慧を知ることは到底できない、と仏の智慧のいかに解《さと》りがたく、入りがたいかを言葉をつくして述べられています。

だが、仏の教えに対して「大信力」（真実の信仰の力）を起せ、仏は長い間、三乗《さんじょう》（声聞、縁覚、菩薩）の法という方便の教えを説いてきたが、かならず一乗・真実の教えを説く（世尊法久後《せそんほうくご》、要当説真実《ようとうせつしんじつ》）と述べられます。

②三止三請

かくて仏の最初の説法（初転法輪《しょてんぽうりん》）をうけたコーンダニヤ（阿若憍陳如《あにゃきょうぢんにょ》）ら千二百人を始め、声聞《しょうもん》・縁覚《えんがく》など四衆《ししゅう》（出家の男女、在家の男女）は、私たちは仏の教えをうけてさとりを得たと思っているのに、仏のお説きになるお言葉の意味が理解できないと申します。

そこでみんなの心を知った舎利弗は、

「仏は巧《たく》みな方便で衆を教化したとおっしゃいますが、いままで聞いたこともないことです。どうか、このことを我々にわかりやすく御説明下さい」とお願いします。

舎利弗は再度、三度にわたってお願いしますが、仏は「止《や》めよう。この事を説くと一切世間の天・人みな驚き疑うにちがいない」と、これまた三度、説法の要請を拒否されます（三止三請《さんしさんしょう》）。

しかしそのあと仏は「お前たちは三度まで説法を請うた。どうして説かないわけにいこうか。さあ、しっかり聴いて、よく考えよ。これから私が説くであろう」と。

③五千起去

と、その時です。座にあった四衆の五千人は、すでに我々はさとりを得ているのだ。今さら改めて聞くこともないと座を起って出ていきます。その時、仏は「黙然として制止したまわず」「このような思いあがった人々は退席するのもよかろう」とおっしゃられます。その五千人が去ったあと「これでみんな真摯《しんし》な人々ばかりになった。さあ、これから説こう」と述べられます。そして仏が世に出現された「一大事因縁《いちだいじいんねん》」が説かれるのです。第二章の最も肝心な部分です。

④一大事因縁

仏がこの世に出現された「一大事因縁《いちだいじいんねん》」とは、われわれ生きとし生けるもの（衆生）をして、仏の真実のさとりの智慧を「開き」「示し」「悟らしめ」「入らしめる」（開示悟入《かいじごにゅう》）ためである、というのです。

今まで衆生の性質に応じて、声聞《しょうもん》・縁覚《えんがく》・菩薩《ぼさつ》の三乗の教えを説いてきたが、これは衆生を導くための「てだて」であって、真実にはすべての衆生を究極の仏の世界に入らせる（一仏乗《いちぶつじょう》）のであることを宣言されるのです。

そしてそれは諸仏如来・過去仏《かこぶつ》・未来仏《みらいぶつ》・現在仏《げんざいぶつ》・釈迦仏の「五仏《ごぶつ》」ともにそれこそが究極の目的（一大事因縁）であったのです。

これを五仏同道《ごぶつどうどう》、開三顕一《かいさんけんいち》という。ここに有名な「如来はただ一仏乗をもっての故に、衆生のために法を説きたもう。余乗《よじょう》の若《も》しは二（声聞・縁覚）、若しは三（菩薩を加う）あることなし」と述べられ「一仏乗において分別して三と説きたもう」と教えられるのです。

法華経前半（迹門《しゃくもん》）の理論的骨格（法説）の中心は以上です。

かくて以上のことをくりかえして長い「偈」が説かれるのですが、内容の基本は以上と同じですが、表現上かなりちがいがあります。

まず先に述べたように、思いあがった五千人の者たちが座を起ち去ってゆく。かくて真摯な人々だけになったところで説法が始まるのですが、「偈」では、これまた先に述べた諸仏・過去仏・未来仏・現在仏・釈迦仏の五仏の一々について、それぞれが「てだて」として三乗を説かれたが、究極的に三乗は方便（てだて）であって、一乗こそ仏の真意であるという「開三顕一」をお説きになった経緯がくわしく述べられます。

⑤諸仏章

仏は衆生の思い、不断の行い、性質、過去世からの善意の行為のむくい、そのすべてを知って小乗の九部の法（経・偈・如是語《にょぜご》・前生《ぜんしょう》物語・仏の神通力《じんづうりき》・因縁《いんねん》物語・たとえ話・重頌《じゅうじゅ》・論議）をもって、衆生それぞれに応じた教えを説かれた。もちろん、これはやがて大乗の道に入る本《もと》ではあるが、いまだすべての衆生が仏になるとはお説きにならなかった。というのも、説くべき時がまだ至らなかったからである（説時未至故《せつじみしこ》）。ところが、以上の教えを説かれたあと、弟子たちの心浄《きよ》く、無量の仏のみもとで行を修し、仏の真意を受け容れるに足るに至ったので、もはやその時が来た、いよいよ大乗の教えを説こう（今正是其時《こんしょうぜごじ》、決定説大乗《けつじょうせつだいじょう》）と決意されるのである。そして有名な「十方仏土の中には、唯《ただ》一乗の法のみにあり、二なくまた三なし」と説かれるのである。

そして仏の誓願が説かれる。すなわち「われ、もと誓願をたてて、すべての生きとし生けるものを、われと等しくして何らちがいのないものとしようと願った。その昔の願は今すでに完成して、あらゆる人々をみな仏の道に入らせることが出来た」と。

かくて仏はあらゆる人々を救おうと仏の道を説かれた。六道《ろくどう》（地獄・餓鬼・畜生・修羅・人間・天）にさまよう凡夫《ぼんぶ》たちには、苦を滅する道を説き、入滅の姿（涅槃）を示したが、実際に入滅したのではない。ただ小乗の人のために入滅の姿を示したばかりである。大乗の立場に目ざめれば、すべての存在の有無を超えた真実相を知り、修行してやがて仏になることが出来るのである（諸法従《しょほうじゅう》本来《ほんらい》、常自寂滅相《じょうじじゃくめつそう》、仏子行道已《ぶつしぎょうどうい》、来世得作仏《らいせとくさぶつ》）。だから三乗はあくまで方便であって一乗こそ諸仏の真意なのである。

⑥過去仏章

過去のはかり知れぬ多くの仏たちもまた一乗の法を説いてはかり知れぬ人々を仏の道に入らせた。過去の仏にあい、いろいろの修行を積んで努力した人々は、みな仏の道に入った。善良にして心の素直な人々は、いかにささやかな善をなしてもみな仏の道に入った（小善成仏）。

諸仏がこの世を去っていても、その遺骨を供養するものがあって、多くの塔をたて、多くの宝石で飾りたてたもの、曠野の中に土を積んで仏塔をたてたもの、子供がたわむれに砂を集めて塔をたてたもの、また子供がたわむれに草木や筆あるいは指の爪で仏像を描いたもの、あるいはいいかげんな気持で塔に入ってたとえ一度でも南無仏ととなえたもの、などなどいずれもみな仏となることができた。

⑦**未来仏章**

未来にもまた数かぎりない仏が出現されて方便をもって衆生をみちびき、やがて究極のさとりにいたらしめられるであろう。もし法を聴くものは一人として成仏しないものはないだろう（若《にゃく》有聞法者《うもんぼうしゃ》、無一不成仏《むいちふじょうぶつ》）。ここでまた仏の誓願がくりかえし説かれている。「もろもろの仏のその昔からの誓願は、仏の実践された道を、あまねく衆生に得させよう」と欲するのである。

さらに「仏となる種子《しゅうじ》（仏性《ぶっしょう》）は、縁によって起ることを知り、だからこそ一乗の法を説かれるのである。存在の真実の姿は、転変無常のこの世で、転変無常のままに、転変無常をこえて、あるがままにあるのである（仏種従縁起《ぶっしゅじゅうえんぎ》、是故説一乗《ぜこせついちじょう》、是法住法位《ぜほうじゅうほうい》、世間相常住《せけんそうじょうじゅう》）」と。

⑧**現在仏章**

現在十方の諸仏も方便をもって種々の道を示されるが、究極は一仏乗にほかならない。

⑨**釈迦仏章**

以上の四仏がそうであったように、今ここに法華経を説かれる釈迦牟尼世尊もまたしかりである。

仏がさとりの立場に立って、迷える六道の衆生をごらんになると、生まれかわり死にかわり、果てのない苦の世界に埋没して、欲望におぼれ、むさぼりにあけくれ、真実にこの苦しみから抜け出す道を求めるでもなく、誤った見解のとりことなって、苦を捨てんとしてさらに苦に縛《ばく》されている。こうした衆生の姿を見て、仏は大いなるあわれみの心を起された。

菩提樹のもとさとりを開かれて三七日、仏は衆生の目先の楽しみを追い、無知に目のくらんだ姿を思い、如何にして救うべきかを考えられた。その時、インド最高の神である梵天《ぼんてん》など仏に説法を請《こ》うた。だが考えてみるに、仏のさとりの究極である一仏乗を説いても、衆生はかえって信ずることができず、それ故に三悪道《さんなくどう》（地獄・餓鬼・畜生）におちるであろう。そう考えて小法をねがう小智のもののために三乗を説いたが、究極の目的はもちろん一乗の法を説くことにあった。

かくてバラーナーシー（波羅奈《はらな》）におもむいて五人の比丘（男性の出家者）のために最初の説法（初転法輪《しょてんぼうりん》）を行ったのである。かくて真実の道を求める多くの弟子たちが、仏のみもとに集ってきた。この人たちは、すでに方便の説（三乗の法）をすでに聞いている。そこで仏がこの世に出現した究極の目的である一仏乗を説くことを決意したのである。というのも、はや真実の法を信ずることの出来ない小智の人はいないからである。かくて率直に方便の教え（三乗の法）を捨てて、この上もない仏の道を説くのである（正直捨方便《しょうじきしゃほうべん》、但説無上道《たんせつむじょうどう》）。そうして千二百の小乗のさとりを得た阿羅漢が、大乗の教えを聴いて究極のさとりに入ったのである。

仏が世に出現されることは難《かた》い。たとえ仏が世に出現されようとも、その教えを聴くことは難い。あたかも優雲華《うどんげ》の花が三千年に一度咲くというがそれよりもなお難い。

いまここに説く一乗の法は、諸仏の教えのなかでも最も肝心なものである。みだれたこの世（五《ご》濁《じょく》)では、この大切な一乗法を聞いても容易に信じようとしないで悪道におちる。そうした人たちに対して、懺悔《さんげ》して心清浄に真実の道を求めるものは、この一乗の教えを讃《ほ》めるであろう。

さあ、お前たちは、仏の究極の目的が、方便の三乗を捨てて一仏乗にあることを知った。もはや、何の疑いもなく、大いなる歓喜の心を生じ、われらやがて仏となるであろうとさとるがよい、と。

三、この世はまさに燃える家(譬喩品《ひゆほん》)

①舎利弗のよろこび

お釈迦さまの身近に仕え、かねてからお説法を聴いてきた声聞《しょうもん》の弟子たちは、すでにそれなりのさとり(小乗のさとり、阿羅漢果《あらかんか》)を得たと思っていたのですが、今、三乗(声聞・縁覚・菩薩)の教えは、衆生をみちびくための「てだて」であって、仏の究極の目的がすべてのものを仏の道に入らせる(一仏乗)という方便品の説くところを聴いて、心からの喜びを感じます。なかでもこの章では、まず智慧第一といわれ、最もすぐれた弟子(上根《じょうこん》の声聞)である舎利弗《しゃりほつ》が一仏乗の教えを聴いた喜びを述べます。

「今、仏の説法を聴いてかつてない喜びを覚えました。私は今まで仏の説かれた小乗の教えを聴き、多くの菩薩たちに成仏の予言を与えられるのを見て、どうして私たち声聞に成仏の予言を与えて下さらないのだろうかと、仏のお考えを恨めしくさえ思っていました。私は山林や樹下で静かに考えていました。私たちも小乗のさとりは得たものの、どうして我々を小乗の教えで救済されるのかと疑問に思っていました。でもそれは私たちの考えちがいでした。それが我々をお導びきになる方便の教えであったということを知らずにいたからです。ところが今、かつてない大いなる教えを聴いて、疑いはすっかり晴れ、身も心もやすらかに、まことに安らいだ気持となりました。そして、我々は外ならぬ仏子《ぶっし》なのだ、と知り仏性の自覚をもつにいたりました」と。

そして舎利弗はくりかえし「偈《げ》」をもって同様の趣旨を述べます。

「私は今、三乗方便、一乗真実の仏の説法を聴いて、いまだかつてない心の喜びを感じ、すべての疑いはすっかり晴れました」と冒頭して、かなり長い偈が述べられています。

なかの一節で、かつて舎利弗は、当時横行した自由思想家（六師外道《ろくしげどう》）の一人、懐疑論者サンジャヤの弟子であったが、仏弟子アッサジのみちびきで仏のもとにいたり、従来の誤った見解をすて、「空法《くうほう》」（小乗の偏空）において「さとり」を得ました。でも、その「さとり」は真実の「さとり」ではありませんでした。今、ここに究極のさとり（大乗の無余涅槃）を得、まさに仏になるであろうとのお言葉を聴いて、疑いはすべてなくなりました、と述べています。

②過去の因縁

ここで仏は舎利弗に過去の因縁を説かれます。――

私は昔、多くの仏のみもとにあって、この上もない「さとり」を得させようと、汝、舎利弗を教えみちびいた。汝は長年の間、私のもとで修学した。その因縁で、今ここに汝はいるのだ。舎利弗よ、私は昔、汝をして究極の「さとり」にみちびこうとした。にもかかわらず、汝は今そのことを忘れ、小乗のさとりをもって「さとり」であると思っている。そこで、かつての私の教えをもう一度、思い起させようとして、私に身近に仕える弟子（声聞）たちのために、大乗の妙法蓮華経を説くのである、と。

③未来成仏の予告（授記）

いよいよ、ここで舎利弗（上根の声聞）に対して、未来成仏の予告、すなわち「授記」が行なわれます。法華経では、以下数章にわたって、しばしば「授記」が行なわれますが、ここにあげる舎利弗の「授記」がまず最初です。あとの「授記」ではくりかえしませんが、ここでは「授記」の形式に従って述べます。

①時節《じせつ》―舎利弗よ、お前は未来世において限りない時を経て、
②行因《ぎょういん》―多くの仏を供養《くよう》し、正しい教えを守り、菩薩の道を完全に実践して、
③得果《とっか》―仏となることが出来るであろう。その名を華光如来《けこうにょらい》という。なおここで仏の十号が必ず列記されます。すなわち(1)如来（真理の体現者）、(2)応供《おうぐ》（供養を受けるに足るもの）、(3)正遍知《しょうへんち》（諸法を正しく理解するもの）、(4)明行足《みょうぎょうそく》（善行を修し満足する者）、(5)善逝《ぜんぜい》（仏の境地に達したもの）、(6)世間解《せけんげ》（世間、出世間のことをよく理解するもの）、(7)無上士《むじょうし》（衆生の中でこの上もなく勝れたもの）、(8)調御丈夫《じょうごじょうぶ》（衆生を調伏《ちょうぶく》し成仏させる力をそなえたもの）、(9)天人師《てんにんし》（天と人の師匠）、(10)仏世尊《ぶっせそん》（仏とはさとれるもの、世尊とは世のあらゆる人に尊敬される人）。

以上の「十」を仏の十号という。

④国土《こくど》―その華光如来の国土を「離垢《りく》」と名づけ、大地は平らかで清浄で美しく飾られ安穏《あんのん》で楽しみ多く、三悪道《さんなくどう》（地獄・餓鬼・畜生）のものはなく、もっぱら天・人がみちみちている。

⑤説法―華光如来が世に出る時は、悪世ではないが、まず三乗方便の教えを説く。（のち一乗真実の教えを説くことは言外にふくむ）

⑥劫名《こうみょう》―「劫」というのは長い時間の単位である。ここでは時代のこと。その時代の名を「大《だい》宝荘厳《ほうしょうごん》」という。この国では菩薩のことを「大宝」というからである。

⑦衆数《しゅうすう》―この国には無数の菩薩が充満する。この菩薩たちは、いずれも永い間、徳行を積み、限りない仏たちのもとで修行を積み、多くの仏たちに讃め称えられた菩薩たちである。

⑧寿量《じゅりょう》―この華光如来の寿命は十二小劫《しょうこう》。そしてその国の人民の寿命は八小劫である。（小劫――人のいのちが十歳の時から、百年ごとに一歳を増し、人のいのちが八万歳にいたり、さらにそれより百年ごとに一歳を減じ、人のいのちが十歳になるまでの一増一減の間をいう）

⑨補処《ふしょ》の菩薩―あとつぎの菩薩のことで、華光如来が寿命十二小劫になった時、堅満《けんまん》菩薩に未来成仏の予言（授記）を与え、この堅満菩薩がやがて仏となって、華足安行《けそくあんぎょう》如来《にょらい》となられるであろう。この仏の国土もまた華光如来の時と同じである。

⑩法住《ほうじゅう》―華光如来がおなくなりになったのち、仏の正しい教えが世に流布《るふ》すること（正法《しょうぼう》）三

十小劫、そして引きつづきこれに似た時代（像法《ぞうぼう》）が三十二小劫つづくであろう。

以上が「授記」の形式である。引きつづいて「偈《げ》」で、ほぼ同様の内容がくりかえされる。

④大衆の理解と喜び

今ここに多くの弟子（声聞《しょうもん》）たちを代表して、まず舎利弗が未来成仏の予言をいただいた様子を見た四衆《ししゅう》（男女の出家、男女の在家者）及び八部衆《はちぶしゅう》（天、竜、夜叉《やしゃ》、乾闥婆《けんだつば》、阿修羅《あしゅら》、迦楼羅《かるら》、緊那羅《きんなら》、摩睺羅迦《まごらか》、いずれも仏法守護の異類）は、大いなる喜びに感動し、着ていた上衣をぬいで供養し、天部のものは天の妙衣を供養《くよう》し、マンダラケ、マカマンダラケの花をふらし仏に供養し、天衣《てんね》は空中にあって自ら回転し、妙《たえ》なる音楽が大空から一時に起り、あらゆる天の花々が降ってきたという。

第二章方便品に説かれた三乗方便・一乗真実の教えは「開三顕一《かいさんけんいち》の法門」といわれるが、この法門は第九章（授学無学人記品《じゅがくむがくにんきほん》）までつづくのである。第二章のはじめから第三章の今説いたところまでは「法説《ほうせつ》」と言って理論的な論述で、これから「譬説《ひせつ》」「因縁説《いんねんせつ》」とつづくのである。その関係を一覧にすると次のようになる。

○法説周《ほっせつしゅう》

(1)正説段《しょうせつだん》―第二章（方便品）

(2)領解段《りょうげだん》―第三章（譬喩品）

(3)述《じゅつ》成段《じょうだん》―〃
(4)授記段―〃
(5)歓喜段《かんぎだん》―〃

○譬説《ひせつ》周《しゅう》

(1)正説段―第三章（譬喩品、ここから）
(2)領解段―第四章（信解品）
(3)仏の述成※―第五章（薬草喩品）
(4)授記段―第六章（授記品）

○因縁《いんねん》周《しゅう》

(1)正説―第七章（化城喩品）
(2)領解段┐
(3)述成段┘第八章（五百弟子受記品）
(4)授記段┌第八章（五百弟子受記品）
　　　　　└第九章（授学無学人記品）

※「述成」とは、衆生が仏の説法を領解した旨を述べたのに対し、仏がそれを印可《いんか》（承認）して、さらに説明をかさねることをいう。

以上のような構成で、第三章のこの次から、いよいよ譬説周に入るのである。

⑤舎利弗さらに説明を請う

そこで舎利弗は仏に申します――

「私はもはや何の疑いもありません。今のあたりに仏より未来成仏の予言をいただきました。ところが、ここにいる千二百人の小乗のさとり（阿羅漢果《あらかんか》）を得た人たちが、そのさとりにいたる前の修行中、仏はつねに生老病死の苦悩を離れてさとりに入る、とおっしゃいました。だからこの人たちは我見《がけん》、有見《うけん》、無見《むけん》を離れ煩悩を断じてさとりを得たと思っています。ところが、今仏はそれらは皆方便であったと、かつてない教えを説かれたので一同は驚き迷っています。どうかこの人たちのために今一度その理由を詳しくお説きになってください、と。

⑥仏、三界火宅のたとえを説く

そこで仏は「私はさきほどからくりかえしもろもろの仏は方便の教えとして三乗の教えを説かれたが、それは究極的にすべての人を一仏乗の教えに導き入れるためであったと言ったではないか。すべての人を仏とせんがためにほかならないのだ。では、このことをたとえをもって説明しよう」と。

(イ)たとえを説く

その昔、ある国に大変な長者《ちょうじゃ》がいた。すでに年をとっておったが、大変な金持で、土地を多く持ち、多くの雇人《やといにん》を養っていた。その人の家は大変広かったが、門はただ一つであった。五百人からの人がそこに住んでいたという。広大な家だったが歳月を経てかなり老朽化していた。

ところがある時、まわりから火が出て家は焼けた。その長者の多くの子供たちがその家の中にいた。長者はあたり一面火の海となったので驚いてこう思った。幸い私は逃れることができたが、子供たちは遊びほうけて一向に火事に気づかない。次第に火が子供たちをせめ、苦痛にさいなまれながらも、出ようとしない。そこで長者は、私には力がある。子供たちを大きなフロシキに包むか、机の上に乗せて連れ出そうかと考えた。が、またこうも考えた——この家には一つの門しかない。しかもその門とて狭く、子供たちは遊びほうけてしまっている。このままだと火に焼かれてしまうだろう、私は子供たちに火事の怖しさを説いて何とか家から連れだそうと「火事だぞ、早く出ろ」と叫んでみたが子供は遊びに夢中で一向に怖れず、出ようとはしなかった。

そこで長者は何かいい方法はないだろうかと考え「めずらしいオモチャがあるぞ、早く行かないと、あとで後悔するぞ。羊、鹿、牛のひく車が門外にある。さあ早く出て、欲しいのを取れ」と。さあ、かねてからの願いである車と聞いて子供たちは我れ先きにと押しあい、へしあい競って門外に出た。

子供たちはやっと門外の安全なところに出て、早速「お父さんの言った羊、鹿、牛のひく車を早くください」と言った。

その時、長者はみんなに同じように、大きい牛のひく立派な車を与えた。それはそれは立派な車でいろいろな宝で飾られ、ぐるりには手すりもついており、鈴がつけられ、ほろが張りめぐらされ、花房《はなぶさ》が垂れ、しとねが敷かれ、赤い枕がおいてあった。そして色つやといい、形といい素晴しく、とても力のある白い牛がひき、堂々としていて風のように早く走る牛であった。また車には多くの僕《しもべ》がついていた。

というのも、この長者は大変な財宝をもっていて、蔵にあふれるほどだった。長者が思うには、私には財宝はかぎりない、粗末な車を子供に与えるわけにはいかない、この子らは私の子である、どの子もわけへだてなく可愛いい、こんな宝の車は数かぎりない、同じものを与えて差別のないようにしなければならない、と。

そこで仏は、舎利弗にたずねる――

「子供たちは等しく大白牛車《だいびゃくごしゃ》に乗って大いに喜んでいるが、羊、鹿、牛の車を求めた子供たちにとっては、本来の希望と異っているようだ。舎利弗よ、この長者が等しく大白牛車を与えたことはウソを言ったことにならないか」と。そこで舎利弗が答えて言う――

「いや、そんなことはありません。この長者は子供たちを火事から救ったのですから決してウソではありません。何をおいても、火事から難を逃れ、いのちを全うしたのですから、これにこしたオモチャはありません。たとえこの長者が、どんな小さい車一つを与えなくともウソにはなりません。この長者の真意が子供の難を救うことにあったのですから。まして財宝無量の長者が子供たちを喜ばそうと等しく大白牛車を与えたのですから」と。

(ロ)たとえの意味するところ

「そうだ、そうだ、お前の言う通りだ。実は仏もまたこの長者と同じなのだ」と、仏はこのたとえの意味するところを語られます。

仏は一切世間《いっさいせけん》の父である。あらゆる畏《おそ》れ、悩み、憂い、迷いを尽《ことごと》く断《た》って、はかり知れない智慧と力と自信を持ち、不思議な力や智慧のはたらきによって究極のさとりを得ている。衆生の苦しみを抜き、喜びを与えることにかた時も倦《う》むことがない。燃える家（火宅）にも似たこの世（三界《さんがい》）に仏が出現するのも、衆生の生・老・病・死の苦しみや、むさぼりといかりとおろかさの火から衆生を救って、究極のさとりを得せしめようと思うばかりである。

そこでつらつらこの世の人々（衆生《しゅじょう》）をふりかえってみるのに、生・老・病・死・憂い、悲しみ、苦しみ、悩みにさいなまれ、またいろいろの欲望、利益を追い求めては種々の苦しみにせまられている。そうしたむさぼり・執着《しゅうじゃく》を追い求めて、この世では苦しみを受け、死後地獄、餓鬼、畜生の世界でさらに苦しみをかさねる。仮に天上や人間に生れたとて四苦（生・老・病・死）、八苦（さきの四苦と、会うものは別れる苦・憎しみあうものが出会う苦・求めて得られぬ苦・人間存在の苦）にさいなまれる。だがそんな苦しみのなかにあって、つかの間の楽しみに溺れ、一向に真の苦しみを知らない。だから厭《いと》うべきこの世にあって厭うことを知らず、真実の道を求めようともしない。燃える家（火宅）にも似たこの世（三界《さんがい》）にあって、苦しみに悶えながらも、ほんとうに憂うる心とてない。

仏はこの衆生の姿を見て、我れは衆生の父である。この苦しみから衆生を救い、はかり知れぬ仏の智慧の楽しみを与えよう、と思う。だが、あらゆる方便を捨てて、そのものズバリ仏の智慧や力や自信を提示したとて衆生は到底受けつけるものではない。衆生はあらゆる苦しみのなかに埋没して、まさに燃える家（火宅）にも似たこの世（三界）にある。とても仏の智慧を悟ろうなどとは思うまい。それはちょうど、さきのたとえの長者は力があって子供を連れ出すことは出来ても、そうはしないで羊、鹿、牛の車をもって子供を火事から逃れさせ、のち大白牛《だいびゃくご》車《しゃ》を与えたようなものである。

仏もまたそうである。燃える家（火宅）にも似たこの世（三界）の苦しみから救うために、三乗（声聞乗・辟支《ひゃくし》仏乗《ぶつじょう》・仏乗）を説くのである。そして言う「燃える家（火宅）にも似たこの世（三界）の苦しみを逃れよ。むさぼりや執着によって身は焼かれる。さあ、早くこの世(三界)の苦しみを出て、三乗の教えに拠《よ》れ。私が保証しよう、努力すれば必ず報《むく》いられる」と。

内に智慧を持ち、仏の教えを聞いて、努力してこの世(三界)の苦しみを抜けだそうとさとりを求めるもの、これを声聞乗という。羊車《ようしゃ》を求めて燃える家（火宅）を出た子供のようだ。

仏に従って法を聞き、努力して万象《ばんしょう》から智慧を求め、存在のかかわりあい（因縁）を知るもの、これを辟支仏乗という。鹿車《ろくしゃ》を求めて燃える家（火宅）を出た子供のようだ。

仏に従い法を聞いて努力し、仏の智慧を求め、多くの衆生を救い、天・人を救済する。これを大乗という。この乗を求むる人を菩薩という。牛車を求めて燃える家（火宅）を出た子供のようだ。

さて、長者は子供たちが安全に門外に出たのを見て安心し、財宝無量なので、等しく大白牛車《だいびゃくごしゃ》を与えた。仏もまたそうである。仏は一切衆生の父である。多くの衆生をして燃える家（火宅）にも似たこの世（三界）の苦しみを抜けだし、小乗のさとりを得たのを見て、仏にははかり知れぬ智慧と力と自信がある。これらは皆私の子だ。等しく大乗のさとりを与えようと思うのである。

初め三乗を説いて衆生《しゅじょう》をみちびく、そしてのち、ただ大乗をもって衆生を救うのである。さきの長者にウソがなかったように、仏にもまたウソはないのである。

以上のように説いて最後に――

「諸仏、方便力《ほうべんりき》の故に、一仏乗に於て分別《ぶんべつ》して三《さん》と説きたもう」と結ばれている。

⑦みなこれ吾が子なり

ここから長い長い「偈《げ》」がつづく。もう一度、今のたとえ話がくりかえし説かれるのである。大旨はかわりない。ただ最初の長者の家の描写で、さきに「広大な家だったが歳月を経てかなり老朽化していた」と述べられてあったところが、いとも詳しくその老朽化の描写があり、わけて妖怪変化《ようかいへんげ》がウヨウヨしている姿が長々と述べられる。

そして「たとえ話の意味するところ」を説く部分に——

「この世（三界）は安きことなし。ちょうど燃える家（火宅）のようだ。あらゆる苦しみが満ち、まことに恐ろしい。常に生・老・病・死の苦しみあり、この苦しみの火はさかんに燃えさかっている。仏はもはやこの世（三界）の苦しみを離れ、静かに安住しておられる。今この世（三界）は皆これ仏の世界である。その中の衆生はことごとくこれ吾が子である。しかもこのところは、いろいろの苦しみが多い。ただ我れ一人、よくこの苦しみから救うものである」と。

また「お前たちはみんな、これ私の子である。私はこれ父である。お前たちは長い間、多くの苦しみの火にさいなまれている。私はすべてのものをこの世(三界)の苦しみから救うものである」という一節、いずれも法華経のなかの有名な言葉である。

「今此三界《こんしさんがい》、皆是我有《かいぜがう》、其中衆生《ごちゅうしゅじょう》、悉是吾子《しつぜごし》、而今此処《にこんししょ》、多諸患難《たしょげんなん》、唯我一人《ゆいがいちにん》、能為救護《のういくご》」

⑧悪人のために説くべからず

「偈《げ》」の終りに近く、まず悪人に説くべからずとして十四謗法《ほうぼう》があげられている。

①憍慢《きょうまん》―仏法をあなどる者

②懈怠《けたい》―仏道修行を怠《おこた》る者

③計我《けが》―自己の考えで教義を判断する者
④浅識《せんしき》―あさはかな知識で正法を批判する者
⑤著欲《じやくよく》―欲望に執着《しゆうじやく》、仏法を求めない者
⑥不解《ふげ》―仏法の教義を理解せず、自己満足している者
⑦不信《ふしん》―仏法を信じない者
⑧顰蹙《ひんじゆく》―顔をしかめることで仏法を非難する者
⑨疑惑《ぎわく》―仏法の教義を疑い惑う者
⑩誹謗《ひぼう》―仏法をそしり悪くいう者
⑪軽善《きようぜん》―仏法を信ずる者を軽蔑する者
⑫憎善《ぞうぜん》―仏法を信ずる者を憎む者
⑬嫉善《しつぜん》―仏法を信ずる者をネタむ者
⑭恨善《こんぜん》―仏法を信ずる者を恨《うら》む者

こういう人たちは、命終って阿鼻地獄《あびじごく》におちるだろうとあり、このように、この法華経を誹《そし》る人の罪は、どんなに説いても、説き尽《つ》くすことは出来ない、とある。

⑨善人のために説くべし

これに対して次のような人のためにはこの経を説くべし、と十項目あげられている。

①智慧すぐれ、何でも広く知っていて仏道を求むる人
②多くの仏に仕え、善い行いをする人
③努力していつくしみを忘れず、いのちを惜しまぬ人
④敬虔《けいけん》な気持を持ち、衆愚に溺れず、独《ひと》り山林で修行する人
⑤邪《よこし》まな教えの師を避け、善い友だちに近づく人
⑥生活の規律を守り大乗の教えを求める人
⑦いかる心を捨て素直な気持であわれみを持ち仏を敬う人
⑧大衆の中で清浄な心を持ち、自在に説法できる人
⑨仏智を求め一向に大乗経典を持《たも》ち、その他の経の一句をさえ受けようとしない人（但楽受《たんぎようじゅ》持《じ》、大乗経典《だいじようきようでん》、乃至不受《ないしふじゅ》、余経一偈《よきよういちげ》）
⑩まごころこめて仏のお骨（舎利《しゃり》）を求めるようにこの法華経を求め、その他の経を求めない人。もちろん仏教以外の典籍《てんせき》は言うに及ばずである。

以上のような人は、真実に理解できる人だから、このような人のために法華経を説くべきである。

四、父つねに子を思う（信解品《しんげほん》）

①四大声聞のよろこび

慧命《えみよう》須菩提《しゅぼだい》・摩訶迦旃延《まかかせんねん》・摩訶迦葉《まかかしょう》・摩訶目犍連《まかもっけんれん》（いずれも仏の十大弟子）は方便品《ほうべんぽん》の開三顕一《かいさんけんいち》の法門を聞いて虚心に信ずるとはいえ、なおその意を悟ることが出来なかったが、譬喩品のたとえを聞き仏の本旨を真に理解することが出来た。そして仏に申上げるには——

「私たちは僧中の首座《しゅざ》におり、俗年《ぞくねん》もかさみ死期も近づいた。自分たちは、すでに小乗のさとりを得て能事《のうじ》おわれりと思い、大乗のさとりを求めようとしなかった。仏はすでに方等経《ほうどうきょう》、般若経等を説かれること久しく、私たちは座にあっていささか退屈をおぼえ、諸法無我を説く空解脱門《くうげだつもん》、差別の世界の空不可得《くうふかとく》を観ずる無相解脱門《むそうげだつもん》、諸法実相《しょほうじっそう》にして所作《しょさ》なしと観ずる無作解脱門《むさげだつもん》（三三昧《さんざんまい》という）に安住して心身を休め、仏の説き給うところの菩薩が神変《しんぺん》を現じ、その国土を浄め、衆生を教化されることを聞いても、心に喜びをおぼえなかった。というのも、仏はすでに私たちをこの世（三界）の苦しみから救い小乗のさとりを得させてくださった。そして私たちも俗年もかさみ、仏が大乗の法を説かれるにもかかわらず、さほどの関心も持たなかった。ところが、身近な仏弟子(声聞)たる舎利弗に未来成仏の予言を与えられるに及んで、目のさめる思いでかつてない感激にひたっております。この歳になって、このようにありがたい教えを聴こうとは夢にも思っておりませんでした。大変な功徳《くどく》をいただいたと、それはそれは喜びにむせんでおります。はかり知れぬ宝物を求めないのに手に入れたようです(無量珍宝《むりょうちんぽう》・不求自得《ふぐじとく》)。では、仏の説かれた開三《かいさん》顕一《けんいち》の教えを、たとえをもって述べてみたいと思います」と。

②たとえを説く

イ、父、子を失う

その昔、ある人は幼少のころに家出をして長い間他国にあり、すでに十年二十年五十年の歳月が流れました。すっかり成人してしまったその人は生活に困り、あちこち食を求めて流浪《るろう》し、たまたま自分の故郷にたどりつきました。

その人の父はこのように子を失ったまま、とある城に住んでいましたが、大変な金持で財宝が倉庫にみちみちていました。多くの僕《しもべ》や家来、領民を所有し、また象や馬の乗物や牛・羊もたくさん持っていました。そして商売上手でそれはそれは多くの利益をあげていました。

そんな父ですが、五十年前にいなくなった子のことを片時も忘れませんでしたが、そんな気持を他人に洩《も》らすことはありませんでした。ただ、いつも残念に思うことは、私ももう歳をとり財宝は倉庫に満ちているが子供もなく、もし万一のことがあれば、あとをまかすものもなく財宝も散失してしまうことだろう、と。そう思ってはいつも子の身上《みのうえ》を思っていました。そしてただ子供さえいてくれて、財宝を委すことさえできれば、これほどの喜びはないのに——と思いつづけていました。

ロ、父、子にあう

そのころ子供は、あちこちの国々村々で傭《やと》われては賃銀を得、めぐりめぐって父の家にやってきました。門のほとりに立って遙かに内を望むと、父が立派な椅子に坐し、多くのバラモンや貴族たちが、うやうやしくとり囲んでいる。ずい分高価な宝石で身を飾り、僕《しもべ》たちが払子《ほっす》(蚊や塵を払うもの)を持ってそばに立ち、あたりは立派な幕が張りめぐされ、香水があたりにかんばしい香をただよわせ、きれいな花があたりに散り敷かれていた。いや、それはそれは堂々たる姿であった。その様子を見て子供は驚いた。「いや、これは王さまだろうか、あるいは王に等しいものだろうか。これは私なんぞ傭ってもらえるようなところではない。どこかもっと辺鄙《へんぴ》なところへ行った方が働くに都合がいい。こんなところに長くいたら、疑われるかも知れない。」こう思って走り去った。

その時、父の長者は目ざとく子供を見つけ、とても喜んだ。財宝がたくさんあるのに、委すべき子供を失ってなすすべもなかったところ、子供の方からやってきてくれた。私の思いはかなった。私は歳はとったが、以前と同様、この子の成長を待とう、と。

八、父、子を追わしむ

そこで父は使を走らせて子供を捉えて連れてこさせた。使のものが子供を捉えた時「私は何も悪いことをしていないのに、どうして捉えられるのですか」と大声に叫んだが、使の者は無理矢理連れてかえった。その時、子供は「何の罪もないのに捉えられた。きっと殺されるにちがいない」と恐しさにふるえて地に悶え倒れてしまった。

この様子を見ていた父は「もういい、連れてくることはない。水をかけて目ざめさせよ。何も言うなよ」と。父は、その身分のちがいで子供がすっかりおびえているのを見て、自分の子だとは知っていたが、他人には言わなかった。そうして使のものは「もういい。どこへでも行くがいい」と放しました。子供は喜んで去っていきました。

その時、父は何とかいい「てだて」はないものかと考え、みすぼらしい格好をした二人のものを遣わして「お前たち、あの子のところへ行って、いい働き場所があり、給金も二倍くれると言い、そしてもし子供がどんな仕事か、と聞いたら除糞《じょふん》の仕事だ、俺たち二人と一緒に働くんだ、と言いなさい」と。

二人は子供のところへ行ってそのように言い、まず賃金を与え、連れてきて一緒に除糞の仕事に励みました。

ある日、父が窓から子供の様子を見ると、糞や土や塵にまみれ、すっかり汚れてしまっている。

そこで父は平素の着飾った服装を脱いで、粗末な服を着、糞土にまみれて、「おい、みんな精出して働くんだぜ」と、子供に近づくことが出来ました。

またある日のこと、父は子に言う「お前はいつまでもここで働けよ。必要なものは食器だって、米だって、塩や酢だって何だってあるんだ。遠慮なしに使え。他にも使用人がいる。必要ならば使っていい。お前の父のように思え。私は年老いているが、お前は若い。怠けたり、怒ったり、怨んだりするなよ。たとえ仮にそんなことがあっても、決して他の人のようには見ない。今後、自分の子のように思っているぞ」と。

そういう言葉を聞いて子供は喜びはしたが、それでもよそから来た労働者にすぎぬと思っていました。かくて二十年の歳月が流れました。

二、父、子に家業をゆずる

かくて子供は、すっかり父の気持と相通ずるようになり、家の出入りも自由に、まるで自分の家にいるようになった。

そんな時、父は病に倒れ、死期の近いのを知って、子供に言うには――

「私は金銀や珍しい財物をたくさん持っており、倉庫にあふれるほどだ。どんなものが、どれくらいあるか、中味をすっかり知っておけ。もはや、すべてをお前にまかせておく。失《な》くならないように注意せよ」と。

子供は言われるままに倉庫の中を調べ、すっかり内容を知り尽しはしたものの、何一つ自分のものにしようとは思わなかった。やはり雇われの身であると思っていたのである。

暫くたって、いよいよ臨終に望んで、子供が雇われの身だといういやしい心を捨てたのを知って、子供に親族やその国の国王、大臣、貴族や富豪たちを集めさせ、そして言うには「みなさん、ここにいるこの子は、実は私の実子なんです。幼いころ家出をして、今七十年の歳月が流れました。名を何某と言います。かつて探し求めていたこの子と会うことが出来たのです。私の実子です。私は実の父です。私の一切の財産をこの子に譲ります。どう使おうが、もうこの子の自由です」と。

この時の子供の喜びは大変なものでした。そして思うには、私はこの財宝を自分のものにしようなど夢考えてもいませんでしたのに、このはかり知れない財宝が、自然に私のものになったとは、と。

③たとえの意味のするところ

以上のたとえのなかで、長者の父というのはいうまでもなく仏であり、家出をした子というのは我々凡夫《ぼんぶ》である。我々は、疫病や飢餓に苦しみ（苦々《くく》）、おのれの境遇の上で苦しみ（壊苦《えく》）、また無常変転によって苦しみ（行苦《ぎょうく》）、生まれかわり死にかわり、この世であらゆる苦しみに悩み、迷うが故にささやかな教えに満足してきた。ところが仏はそんな苦しみに悩む我々に、ともかくもその苦しみを脱れるすべを教えてくださった。我らは我らなりに努力してささやかなさとり（小乗）を得て満足していた。いわばそれは仏の方便の教えであったにもかかわらず、さらに進んで大乗を求める心もなく、仏の菩薩に説き給う大乗の教えを求める心とてなかった。というのも、小乗のさとりを足がかりに、さらに大乗の教えを説かれたのに、仏の子であるという自覚に目ざめることとてなかった。今にして、「仏はもの惜しみなさる筈がない」と知った。我々は、もとより仏の子であるにもかかわらず、小乗をもって足れりと思っていた。

ところが、今、この経において一仏乗の教えを説き給い、かつての小乗の教えを浅はかなもの、と教え、仏の究極の目的である「すべてみなこれ仏」という根本をお示しになった。ちょうど、長者の子供が、求めもしないのに父の財宝をすべていただいたように、求めもしないのに一仏乗の妙法をお授けくださった。そこで我らが思うに「法王（仏）の財宝は自《おのずか》ら得た。仏の究極の大乗の教えをいただいたのだ」と。

以下ほぼ同様の趣旨が「偈《げ》」をもってくりかえされる。そのはじめに有名な「この上もない財宝を、求めないのに得たようだ」（無上宝聚《むじょうほうじゅ》、不求自得《ふぐじとく》）とある。そして最後に「一仏乗の教えを説かんがために、相手の衆生《しゅじょう》の分に従って三乗を説かれたのだ（於《お》一乗道《いちじょうどう》、分別説三《ふんべつせっさん》）」と結んでおられる。

五、降る雨かわらねど、生《お》いる草木各々差あり(薬草喩品《やくそうゆほん》)

①仏、四大弟子の説くところよしとす

第三章の途中、譬説周《ひせつしゅう》のはじまる前に図示したように、第五章は譬説周《ひせつしゅう》のなかの述成段《じゅつじょうだん》です。第四章は慧命《えみょう》須菩提《しゅぼだい》、摩訶迦旃延《まかかせんねん》、摩訶迦葉《まかかしょう》、摩訶目犍連《まかもっけんれん》の四大弟子が第三章の「燃える家にも似たこの世」(三界火宅《さんがいかたく》)のたとえを聞いて感動し、四大弟子自ら「長者の父と子供(長者窮子《ちょうじゃぐうじ》)のたとえ」を語りました。仏がこれに対してその説くところをよしとしたもうとともに、さらに説明をかさねられる「述成《じゅつじょう》」がこの一章です。

この章の特色は、いままでの三乗方便、一乗真実に対して、仏が説いた教えは衆生《しゅじょう》の根性《こんじょう》、性質(機根《きこん》)に応じて二乗、三乗と別れるが、方便とは同一相、同一味(一相一味《いっそういちみ》)であることを強調するところにある。

まず仏は摩訶迦葉《まかかしょう》たちに第四章の所説に対して、「よく仏の真実の功徳を説いた、まことにその通りである。だが仏のはかり知れぬ功徳は、お前たちがどんなに長い時間をかけたとて説き尽

くせるものではない」と。

仏はこれ諸法の王である。その説くところすべてこれ真実である。仏は人・天・声聞《しょうもん》・縁覚《えんがく》・菩薩に対して五戒《ごかい》、十善《じゅうぜん》、四諦《したい》、十二因縁《じゅうにいんねん》、六度《ろくど》という方便《ほうべん》の教えをもってみちびくが、その説くところすべてこれ諸法実相《しょほうじっそう》の究極の世界にいたらせる。仏は、あらゆる教えの行きつく先を知り、また生きとし生けるもの（一切衆生《いっさいしゅじょう》）の心の奥底をきわめ尽くし、衆生の救済に何の滞りもなく自由自在である。すべての存在の真実（諸法実相）の究極を知り、生きとし生けるものに仏の智慧の何たるかを説き示すのである。

②たとえをあぐ

この世界の山や谷や平地にはたくさんの種類の草木・林や薬草があり、それぞれに生い茂っている。一たび雨雲が天地を掩《おお》うと、雨はすべての上に等しく降る。そうした草木・林や薬草のなかで、小さな茎、枝、葉、根のものから、中位のもの、大きいものとあるが、いずれにも等しく雨は潤う。でも、それぞれ小さいものは小さいままに、中・大は中大のままに生長していく。同じ大地にあって、同じ雨を受けながらも、それぞれの草木はその性質に応じて生長していく。（一《いっ》地《ち》の所生《しょしょう》・一雨《いちう》の所潤《しょにん》なりと雖《いえど》も、而《しか》も諸《もろもろ》の草木《そうもく》各《おのおの》差別《しゃべつ》あるが如《ごと》し）

③たとえの意味

以下たとえの意味を説くのだが、いろいろの草木の立場に立って考えるといろいろ差別《しゃべつ》（大・中・

小等）があり、降る雨の立場からすれば等しく潤すのであるから差別はない。このたとえを差別と無差別の二つの面からとらえて説明される。うちまず差別の立場に立って説く。仏もまたこのたとえと同じである。仏がこの世に出現するのは雨雲が天地を掩《おお》うようであり、仏の声はあまねく世界の衆生にゆきわたること、雨雲が天地を掩うが如くである。そして仏はすべての人々にかく言う——

「我れこそは仏である。まだ救われていないものを救い、まだ理解できないものに理解させ、まだ安穏ならざるものは安穏ならしめ、まださとりを開いていないものはさとらしめる（未度者《みどしゃ》令度《りょうど》、未解者令解《みげしゃりょうげ》、未安者令安《みあんしゃりょうあん》、未涅槃者令得涅槃《みねはんしゃりょうとくねはん》—仏の四誓願《せいがん》）この現在世も未来世もありのままに知るものである。私はこれ一切智者《いっさいちしゃ》（存在の仮の姿・その存在のむなしさ・そして存在の真実を知るもの）であり、五眼《ごげん》（肉眼・天眼・慧眼・法眼・仏眼）をそなえた一切見者であり、知道者（意《こころ》、道にかなう）、開道者（身《み》、道にかなう）、説道者《せつどうしゃ》（口、道にかなう）である。汝ら、みな法を聴くためにこのところに集れ」と。

そこで多くの衆生が仏のもとに集って法を聴く。仏はこの時、衆生の性質のよしあし、努力の有無を観察して、それぞれその人に応じて無量の法を説き、一同喜び、大いなる功徳を得る。この人たちは仏の法を聞きおわってこの世では安穏に、未来世ではいいところに生れ（現世安穏《げんぜあんのん》、後《ご》生善處《しょうぜんしょ》）仏道の楽しみをたのしみ、さらにまた法を聴くことができる。そして法を聴きおわって、あらゆる迷いを離れ、教えの中で自分にふさわしい教えを身につけて仏の道に入ること、ちょうどあらゆる草木、林、薬草の大中小とあるのが、それぞれに雨をうけて生長するのと同じである。

以下さきに言った無差別の立場から説く。

しかし考えてみるのに、仏の説法は同一相、同一味である。解脱相《げだつそう》（煩悩のとらわれから脱す）、離相《りそう》（行為のむくいからのがれる）、滅相《めつそう》（仏の真理はすべてをこえて寂滅《じゃくめつ》）、すなわち惑《わく》（まよい）、業《ごう》（行為のむくい）、苦《く》の三から解き放たれている。そして最終的に仏のさとりに達している。

衆生は仏の教えを聴いて、これを持《たも》ち読誦《どくじゅ》し修行していても、それによって得るところの功徳を自らは知らない。というのは次に説く十四法はただ仏のみこれを知っているのである。すなわち衆生の種《しゅ》（三乗《さんじょう》の別）、相《そう》（菩薩、縁覚《えんがく》、声聞《しょうもん》のすがた）、体《たい》（三乗それぞれの実体）、性《しょう》（三乗それぞれの性質）という四法と、聞慧《もんね》（法を聞いて得る智）、思慧《しえ》（法を考えて知る智）、修慧《しゅうえ》（法を修して得る智）の三慧《さんね》、さらにその三慧の本体、さらに三慧の因縁・因果の法を知る、これが十四法である。このように仏のみ一切衆生がそれぞれいかなる能力・性質あるかを一味平等《いちみびょうどう》に見て明らかに知るところである。それはちょうど、草木・林・薬草が自らは上中下の差を知らないのと同じである。さきにも言うように仏は同一相、同一味なのである。惑《わく》・業《ごう》・苦《く》を離れ、究極のさとりを得、存在の真実相を了知《りょうち》している。このように仏はすべてを知りつくしてはいるけれど、衆生の心を知ってみだりに説かない。なればこそ究極のさとりを説かないのである。

ともかくも仏の衆生の能力・性質に応じて説く方便《ほうべん》の教えを知ることはむつかしい。

以下ほぼ同様の趣旨が「偈《げ》」をもってくりかえされる。

ただ「三草二木《さんそうにぼく》」が具体的に明示されているのが、さきに説いた「長行《じょうごう》」（散文）の部分とちがう。人間、天を小の薬草に、声聞《しょうもん》、縁覚《えんがく》を中の薬草に、菩薩を上の薬草にたとえてこれで「三草」。自己の救済に専念する菩薩を小樹に、自己の救済と共に他人の救済にも努める菩薩を大樹とし、これで「二木」。三草二木のたとえと言われる典拠がここに明示されている。

また「我れ一切を観《み》ること普《あまね》く平等にして、彼此《ひし》愛憎《あいぞう》の心あることなし」という仏の慈悲心を説いた有名な句が説かれている。

そして「あなたたちのやっていることは菩薩の道である。順を追って次第に修行をかさね、すべてのものみな成仏《じょうぶつ》することができる」（汝等所行《にょとうしょぎょう》、是菩薩道《ぜぼさつどう》、漸々修学《ぜんぜんしゅうがく》、悉当成仏《しっとうじょうぶつ》）という言葉で結ばれている。

六、四大弟子に未来成仏の予告（授記品《じゅきほん》）

①摩訶迦葉の授記

さきに第三章で舎利弗《しゃりほつ》の授記《じゅき》について詳細にのべたので「授記」については要点だけにとどめる。

摩訶迦葉に仏は授記される。

摩訶迦葉は未来世において三百万億の仏につかえ、それらの仏を供養し、敬い、尊とび、讃めたたえ、広く諸仏の大法を宣《の》べることができよう。そうして最後に光明如来《こうみょうにょらい》となる。国を光徳《こうとく》と名づけ、その時代（劫《こう》）を大荘厳《だいしょうごん》と名づけ、その仏の寿命は十二小劫、仏の正しい教えが世に流布すること（正法《しょうぼう》）二十小劫、そして引きつづきこれに似た時代（像法《ぞうぼう》）が二十小劫つづくであろう。その国は美しく飾られ、すべての地は平らかに、もろもろの宝の華《はな》が散り、その国には数限りない菩薩衆また声聞衆がいることであろうと。

ここで第四章に舎利弗を目のあたりにみて、声聞もまた仏となるであろうことを知って喜び、「長者の父と家出した子供のたとえ」を語った四大弟子のうち、今授記を得た摩訶迦葉を除くあとの三人、つまり舎利弗の無二の親友である摩訶目犍連、かつて般若経でその主役を演じ、空をさとったと言われる須菩提《しゅぼだい》、そして哲学者といってもいい摩訶迦旃延《まかかせんねん》らは、今、摩訶迦葉《まかかしょう》が授記を受けたのに、いまだ授記を受けていないので、我々はその資格は無いのであろうかと身ぶるいして恐れおののき、ただ一心に合掌して、まばたきもせず仏を見守り、共に声を同じうして言うには――

「み仏よ、我々を愍《あわ》れみたまえ。我々の作仏《さぶつ》（仏になること）を求める心の底を見そなわし授記をお与え下さるならば、食べるものの乏しい国からやってきて大王のような食膳にめぐりあい（如《にょ》以甘露灑《いかんろしゃ》、除熱得清涼《じょねつとくしょうりょう》、如従飢国来《にょじゅうきこくらい》、忽遇大王膳《こくぐうだいおうぜん》――仏に供えた膳供《ぜんぐ》に献膳《けんぜん》する時に唱える）なお、まこととは思えず手をつけようとしないで、再び王の言葉を待って始めて食するように、我々もまたその通りで、かつて小乗のさとりに満足して大乗をほめようとしなかった過《とが》を思い、どうすれば仏の無上の智慧を得ることができるかを知らず、仏が我らも成仏せんとおっしゃっても、なお憂いをいだいているのは、大王の膳を前に、なお食べようとしないようなものです。どうか我らにも授記をお与え下さい。王の言葉を聞いて始めて膳に手をつけるようにするでありましょう」と。

②須菩提の授記

そこで仏はまず須菩提《しゅぼだい》に授記されます――

須菩提は未来世において三百万億ナユタ（ナユタは数の単位、千億にあたる）の仏につかえ、それらの仏を供養し、敬い、尊とび、讃めたたえ、つねに清浄の行を修し菩薩の道を実践して最後に仏となることができる。名を名相如来《みょうそうにょらい》といい、国を宝生《ほうしょう》となづけ、その時代（劫）を有宝《うほう》と言うであろう。土地は平正で宝樹をもって飾り、声聞衆、菩薩衆は無数であろう。その仏の寿命《じゅみょう》は十二小劫、仏の正しい教えが流布すること（正法《しょうぼう》）二十小劫、そして引きつづきこれに似た時代（像《ぞう》法《ぼう》）が二十小劫であろう。この仏は「空《くう》」に重点をおいて説法し、多くの菩薩、声聞をさとりにいたらしめるであろう。

③摩訶迦旃延の授記

つづいて摩訶迦旃延《まかかせんねん》は未来世において八千億の仏を供養し、高さ千由旬《ゆじゅん》（由旬とは長さの単位、帝王一日の行軍の里程、四十里ともいう）幅五百由旬の塔をたて七宝をもって飾り種々の供養をするであろう。さらに二万億の仏に対しても同じように供養し、菩薩の道を修行して最後に仏となるであろう。名を閻浮那提金光如来《えんぶなだいこんこうにょらい》という。その国は平正にして、宝樹をもって飾り、妙《たえ》なる華《はな》が地に敷いて見るものみな喜ぶ。地獄、餓鬼、畜生、修羅の四悪道なく、多くの天、人、声聞、菩薩、数かぎりなくいるのであろう。仏の寿命は十二小劫、仏の正しい教えの流布すること（正法）二十小劫、引きつづきそれに似た時代（像法）が二十小劫であろう。

④摩訶目犍連の授記

ついで摩訶目犍連《まかもつけんれん》は八千の諸仏を供養し、敬い、尊とび、その仏の滅後、高さ千由旬《ゆじゅん》、幅五百由旬の塔をたてて、七宝で飾り、種々の供養をするであろう。その後、同じように二百万億の仏を供養し、最後に仏となるであろう。名を多摩羅跋栴檀香如来《たまらばせんだんこうにょらい》といい、国を意楽《いらく》といい、その時代(劫)を喜満《きまん》という。その国は平正にして、宝樹をもって飾り、真珠《しんじゅ》の華《はな》が散じ、見るものみな喜ぶであろう。天、人多く、菩薩、声聞その数を知らない。仏の寿命は二十小劫、仏の正しい教えの流布する（正法）こと四十小劫、引きつづきそれに似た時代（像法）は四十小劫であろう。

⑤その他の弟子への授記

舎利弗《しゃりほつ》は上根《じょうこん》の声聞《しょうもん》、四大弟子は中根《ちゅうこん》の声聞、以上の人々への授記はすでに終りその他五百の弟子たち（下根の声聞）に未来世における成仏の授記が与えられた。

そして次の第七章に説き及んで「我れおよび汝等が宿世《しゅくせ》(過去世）の因縁、吾れ今まさに説くべし、汝等善く聴け」と結び、第七章が、仏とその弟子たちの過去世の因縁を説くものであることを示唆している。

七、まぼろしの城のたとえ(化城喩品《けじょうゆほん》)

ここから因縁周《いんねんしゅう》に入る。上根《じょうこん》(根とは性質、能力をいい上根とはそのすぐれたるもの)のために直ちに教法を説くのが法説周《ほっせつしゅう》、中根《ちゅうこん》のために譬《たと》えをかりて説くのが譬説周《ひせつしゅう》、そしてこれからは下根《げこん》のために過去の因縁を説く因縁周《いんねんしゅう》である。前半は大通智勝仏《だいつうちしょうぶつ》の故事を説くが、後半この章の題名となっている「まぼろしの城」(化城《けじょう》)のたとえが説かれる。なお正法華経《しょうほけきょう》では前半にちなんで往《おう》古品《こぼん》と名づける。

①大通智勝仏の故事

イ、三千塵点劫《じんでんごう》のむかし

昔、大通智勝仏《だいつうちしょうぶつ》という仏がいらっしゃった。国を好成《こうじょう》といい、その時代(劫)を大相《だいそう》といった。その仏がおなくなりになってもう大変長い時が過ぎた。たとえば、この三千大千世界(須弥山《しゅみせん》を中心とする世界を千倍したのが小千世界、それを千倍したのが中千世界、さらに千倍したのが大千世界)をすりつぶしてごく小さな塵《ちり》のような墨《すみ》にし、東方へ行って小千世界を過ぎるごとに一つずつ落していったとしよう。そしてその塵のような墨がなくなるまでの数は測り知れようか。さらに、その落していった国と、落さなかった国の土地をさらにすりつぶして、「一塵《いちじん》を一劫《いっこう》とせん」(塵点《じんでん》劫《ごう》)つまりその一つの塵を一劫(時間の単位)とすると、この大通智勝仏がおなくなりになってからは、その数を過ぎること無量百千万億アソギ劫《こう》である(これを三千塵点劫という)。だが、仏はそんなにはかり知れぬ程昔であるのに、仏の智慧の力によって、さながら今のことのように見るのである。

ロ、大通智勝仏の成仏と十六王子

この大通智勝仏の寿命は五百四十万億ナユタ劫であった。この仏が、道場に坐して、魔を打ち破り、今にもさとりを開かれようとしたが、なおさとりを得ることが出来なかった。そこでかの仏は、十小劫の間、静かに坐して心身微動だになさらなかった。それでもなおさとりを得ることが出来なかった。この仏が静かに座していた十小劫の間、天はこの仏のために菩提樹のもとに高さ一由旬《ゆじゅん》の座を設け、「どうか、この座においておさとりをおひらきください」と。そして天から華を散らし、香しい風が吹いてきて萎《しぼ》んだ華を吹き散らし、新しい華をふらした。さきにいう十小劫の間、天の供養はつづいた。そしてこの仏のなくなるまでこの華はつねに散ぜられ、天の鼓《つづみ》をうち、もろもろの妙《たえ》なる音楽が流れた。かくて十小劫、ついに仏はさとりをひらかれたのである。

大通智勝仏がまだ出家されなかったころ十六王子があった。父がさとりをひらかれたと聞いて父の大通智勝仏のもとに赴かれた。その王子の母は涙を流して見送った。大通智勝仏の父、王子たちにとっては祖父にあたる大王は多くの大臣や数多くの人民をひきいて大通智勝仏のもとにいたり、み足をいただいて礼をなし、一心に仏を見たてまつって申しあげた——

「大いなる徳を持たれる仏よ、仏は衆生を救わんとして、十小劫の間、静かに坐し、ついにさとりを得られました。我ら仏のみちびきを得られることを思い、心大いに喜んでおります。われら衆生はつねに苦しみになやまされ、然るべき師とてなく、この苦しみを脱れるすべてを知らず、さとりを求めようとさえしませんでした。ところが今、仏は無上のさとりを得られました。我ら謹んで仏に帰依《きえ》いたします」と。

この時、十六王子は仏に「衆生を愍《あわ》れみ、利益《りやく》を与えたもうために、何とぞみ教えを説きたまえ」とお願いした。

八、梵天勧請《ぼんてんかんじよう》

大通智勝仏がおさとりをおひらきになった時、十方おのおの五百万億の仏の世界は六種に揺れ動き、どんな山間の日月の光も及ばないようなところまですっかり明るくなった。その明りに照らされて衆生は互いに相見ることが出来、みんなどうしてこんなにたくさんの衆生がいるんだろう、と驚いた。そして諸天のいます宮殿、梵天王のいます宮殿も大地が六種に揺れ動き、大いなる光が普《あまね》く照らし世界に満ち満ち、その光は天の光にもすぐれていた。

この時、東方五百万億の国土の中の梵天の宮殿は光り輝き、つねの光に倍したという。そこで多くの梵天王はこの輝きはかつてないこと、どんな因縁があってだろうかと思った。みんな不思議に思っていたところ救一切《ぐいっさい》と名づける梵天王がいうには——

「一体これはどうしたことだ。この世に大いなる徳のある人が出現したのだろうか。仏がこの世に出現されたのだろうか」と。

そして五百万億の国土の梵天王たちは、宮殿とともに、大きなフロシキに天の華を盛って、西方に行き、その因縁やいかにと求めたところ、大通智勝仏が菩提樹のもとに坐し、仏の八部衆《はちぶしゅう》（仏を守護する異類）が仏をとりまき、十六王子が仏に説法を請《こ》うている様子を見た。そこで梵天王たちは仏のみ足を礼し天華《てんげ》を仏の上に散らし、菩提樹に供養をささげた。そして宮殿を仏に献上し、どうかこの宮殿をお受け下さいと述べ、さらに——

「どうか仏さま、仏のみ教えを垂《た》れ、衆生の苦を脱し、さとりにいたらしめたまわんことを」とお願した（梵天が仏の説法されんことを勧《すす》め、請《こ》うたのでこれを梵天勧請《ぼんてんかんじょう》という）。

今のは東方の梵天たちであったが、ひきつづいて東南方、南方、西南方乃至下方、そして上方の梵天たちも、ともどもに仏の説法をお願した。この間、それぞれ東方と同じような記述がくりかえし、長々とつづく。

②大通智勝仏の説法

イ、小乗の法を説く

そこで大通智勝仏は、梵天や十六王子の請《こい》を受けて声聞のために三たび四諦《したい》の法を説かれた。四諦とは、人生は苦であるという真理（苦諦《くたい》）、苦の原因の真理（集諦《じったい》）、苦を滅したさとりの真理（滅諦《めったい》）、さとりにいたる道の真理（道諦《どうたい》）であるが、これを三たび説かれたとは、まずこの四諦を提示し（示《じ》）、四諦の法を実践することを勧《すす》め（勧《かん》）、四諦の法によるさとりを自らの体験をもって教えられる（証《しょう》）ということである。

つぎに縁覚《えんがく》のために十二因縁の法を説かれた。十二因縁とは、無明《むみょう》・行《ぎょう》・識《しき》・名色《みょうしき》・六入《ろくにゅう》・触《そく》・受《じゅ》・愛《あい》・取《しゅ》・有《う》・生《しょう》・老死《ろうし》の十二であるが、これは迷える衆生の生存を構成する十二の要素で、これらが「此《こ》れ有《あ》るとき彼《か》れ有《あ》り、此れ生ずるより彼れ生じ、此れ無きとき彼れ無く、此れ滅するより彼れ滅す」という相依《そうえ》相対《そうたい》的な関係にあることを説く。人間生存は精神の主体である識（こころ）の活動から始まるが、その識の活動は生活体験（行）となってかえって識を内容づける。ところで識の活動とは六入（眼耳鼻舌身意）を通じて認識の対象であるすべての名色（心や物）と接触（触）してこれを主観の上に感受（受）することによる。迷える衆生にあっては識は無明（四諦に対する無知）を外相とし、渇愛《かつあい》（愛、求めて飽《あ》くなき我欲《がよく》）を内相とするもので、客観的な対象に働きかける識の姿は愛にほかならない。愛は発展してすべてを我がものとして取込もうとする執《しゅう》著《じゃく》（取）となる。かく愛によって迷盲《めいもう》に走って、迷える存在(有)は、生・老死の人生苦を経験しなければならなくなるというのである。

ロ、大乗の法を説く

さきに述べた十六王子はすでに出家し、百千万億の諸仏を供養し、修行を積んでいたので、究極のさとり（大乗のさとり）を求めた。

この時、十六王子の祖父である大王のつれてきた八万億の人々は、十六王子の出家を見て出家せんことを求め、大王はこれを許した。

そして大通智勝仏は十六王子の請《こい》を受け、二万劫という長い時間、四衆《ししゅう》（出家の男女・在家の男女）の機縁《きえん》の熟するのを待って法華経をお説きになった。この経を聴き終って十六王子は究極のさとりを得、また声聞のなかにもさとったものもあったが、その他の衆生のなかにはかえって疑を生ずるものもあった。大通智勝仏は八千劫の間、かた時も休まずこの経をお説きになった。

ハ、十六王子、法華経を説く

大通智勝仏は、この法華経を説きおわって禅定《ぜんじょう》に入られること八万四千劫であった。十六王子は、仏が禅定に入られた八万四千劫の間、四衆のために法華経を説き、十六王子のそれぞれが六百万億ナユタのガンジス河の砂の数ほどの衆生を究極のさとりに至らしめた。

その八万四千劫がすぎて、大通智勝仏は禅定から静かに起《た》って大衆に告げられた。

「この十六王子（菩薩沙弥《ぼさつしゃみ》）は智慧明らかに六根《ろっこん》（眼耳鼻舌身意）の働きにすぐれ、すでにはかり知れぬ多くの仏を供養し、修行を積み、仏の智慧を持《たも》ち、多くの人をさとりに入らせた。あなたたち、この十六王子を供養しなさい。この十六王子の教えを信じ、持《たも》ってそしらないものは究極の仏のさとりに至るであろう」と。

二、この娑婆世界には釈迦牟尼仏

さらに仏は告げられた――

「この十六人の菩薩はいつも自ら願って法華経を説く。十六人のそれぞれがみちびいた六百万億ナユタのガンジス河の砂の数ほどの人々は、生れかわり死にかわっても、いつもこの菩薩と一緒で、菩薩に従って法を聞いてこれを信じさとった。この人たちはその因縁で四万億の仏たちに相《あい》値《あ》うことができ、今に絶えない。」

つづいて大通智勝仏は、かの十六王子の菩薩たちが、いずれも究極の大乗のさとりを得、十方の国土で現在、法を説いておられ、はかり知れぬ多くの菩薩や声聞の人たちが教えを受けている、と。

東方には阿閦《あしゅく》といって歓喜国《かんぎこく》におられ、今一人は須弥頂《しゅみちょう》という。

東南方に師子音《ししおん》、師子相《ししそう》の二人。

南方には虚空住《こくうじゅう》と常滅《じょうめつ》の二人。

西南方には帝相《たいそう》と梵相《ぼんそう》の二人。

西方には阿弥陀と度一切世間苦悩《どいっさいせけんくのう》の二人。

西北方には多摩羅跋栴檀香神通《たまらばせんだんこうじんづう》と須弥相《しゅみそう》の二人。

北方には雲自在《うんじざい》と雲自在王の二人。

東北方には壊一切世間怖畏《えいっさいせけんふい》。

そして第十六番目の釈迦牟尼仏こそは、我々の住むこの娑婆世界で究極の大乗のさとりを得られた。

ホ、大通智勝仏のもとでの結縁

この十六人の菩薩たちは、それぞれ多くの衆生を教化し、究極の大乗のさとりを得たもの、今なお声聞であるものには仏の教えは容易に信じさとることはむつかしいので、教えみちびいて次第に究極の大乗のさとりに入らしめる。この十六人の菩薩たちにみちびかれた多くの衆生とは、今ここにいるあなたたちであり、またやがて生れてくるであろう声聞の弟子たちである。

私のなきあと、弟子たちのなかにこの法華経を聞かず、菩薩の歩むべき道を知らず、小乗のさとりをもって真のさとりと思うものもあろう。私は余国においてさとりをひらき、この小乗のさとりをもって満足した人たちもそこで究極の大乗のさとりを求め、法華経を聞くことができよう。

ともかくも、仏の方便《ほうべん》の説法はさておき、究極の大乗のさとりを説く一仏乗《いちぶつじょう》の教えこそ仏の真意であり、二乗も三乗も本来ないのである。

③まぼろしの城のたとえ

イ、たとえを説く

大変遠い道のり、道は険しく、人っ子一人いない怖しい道を通って、宝を求めて行く人たちの群れがあった。リーダーは大変聡明でまた道の事情にもくわしかった。

ところが、リーダーのひきいる人々は、中途ですっかり疲れてしまって「私たちはもう疲れました。それに道はなお遠い。もう引きかえしましょう」と言った。

そこでリーダーは考えた。ちょうどその途中に、まぼろしの城を作って「さあ、みんな怖れることはない。帰る必要はないんだ。この城で思うままに過すがよい。この城に入ったならば快適な生活が待っていよう。そうして宝を手に入れたならば、また帰ることができるんだ」と。

疲れ果てていた多くの人々は大喜びで城に入り、暫し快適な時を過した。

その時、リーダーは、みんなが疲れをいやし、すっかり元気になったのを見はからって、まぼろしの城を滅して言うのには――

「さあ、みんな、宝のあるところはもう近い。さきの城は、みんなが休むための、まぼろしの城だったのだ」と。

ロ、たとえの意味

そこで仏はこう言われた――

「仏もこのリーダーと同じことだ。人々が生まれかわり死にかわりくりかえす迷いと苦しみはいつ果てるともない。最初から究極の大乗のさとりを説こうものなら、人々は怠け心を起し、仏に近づこうとはせず、仏の道は遠くけわしい、よほど努めはげんで、はじめて完成するのだ」と。

そこで仏は、人々のいくじのない、いやしい心を知って、ちょうどリーダーが途中にまぼろしの城をつくったように、声聞や縁覚のためのさとり（二涅槃）を説く。そしてその境地に安住した時、仏は言う――

「お前たちの修行はまだ終っていないのだ。究極のさとりは近い。今お前たちが得たさとりは真実のものではない。ただ究極のさとりにみちびくてだてとして声聞、縁覚のさとりを説いたまでだ。（一仏乗に於て分別《ふんべつ》して三と説く）」と。

これはちょうどまぼろしの城で休息、疲労を回復した人に、リーダーがまぼろしの城を滅して、宝のあるところは近いんだ、この城はまぼろしの城で真実の城ではないんだ、と説くと同じである。

以下「偈《げ》」をもって大通智勝仏の故事とまぼろしの城について重説される。

八、下根の声聞に未来成仏の予告（五百弟子受記品《ごひゃくでしじゅきほん》）

第二章（方便品《ほうべんぼん》）には千二百人の阿羅漢《あらかん》（小乗のさとりを得た人）とある。その千二百人の阿羅漢に未来成仏の予告（授記）を与えられるのがこの章である。だが厳密に言うと第三章（譬喩品）で上根《じょうこん》の舎利弗が、第六章（授記品）で中根《ちゅうこん》の摩訶迦葉、摩訶目犍連、須菩提、摩訶迦旃延の四人、あわせて五人が未来成仏の予告（授記）を受けたのだから、千百九十五人となるわけである。だから千二百弟子授記品とあってもいいのだが、あとに述べるように、そのなかの五百人の弟子が一同に未来成仏の予告(授記)を受け、同じく普明如来《ふみょうにょらい》となるであろう、とあるところから五百弟子授記品と名づけられたのである。

①富楼那に未来成仏の予告

仏の弟子・富楼那《ふるな》は第二章以来、仏が衆生の性質・能力に応じ、てだてとして声聞・縁覚に小乗のさとり（阿羅漢果《あらかんが》）を説かれたが、それはあくまでもてだてであって究極の大乗のさとり（一仏乗）を説くことが目的であったとの仏の教えを聴き、また舎利弗を始めとする五人の声聞の弟子が未来成仏の予告（授記）を与えられるのを目のあたりに見、また我々が大通智勝仏以来、仏に縁を結ばれていたことを知り、さらには仏がその大昔の大通智勝仏の故事を今のことのように知っておられること（大自在神通力）を知って、かつてない感動を覚え、心から喜び、仏のお顔を見奉ってこう思った。

「仏のお力はかつてなく大きい。それぞれの人間のそれぞれの性質に応じて、あらゆるてだてをもって法を説き、人々のむさぼりを取り除いてくださる。この仏の功徳の大きさは我々の言葉では尽くせない。ただ仏のみが、我々が本来心に持っていた究極のさとりを求める心を御存知である」と。

ここで仏は、富楼那《ふるな》の徳を称えられる――

「富楼那は我が弟子のなかで説法第一である。それぱかりではない。過去九十億の諸仏のみもとにおいてもまたよく正法を守り伝え、かぎりない人々をさとりにいたらしめた。さらにはまた過去の七仏のみもとにおいてもまた説法第一であった。いずれの時も、人々を教えみちびき、その国土を清浄《しょうじょう》にしたのである」と。

かくて、仏は富楼那に未来成仏の予告（授記）を与えられる――

富楼那はやがて菩薩の修行を完成し、長い時（無量阿僧祇劫《むりょうあそぎこう》）を経て、この土《ど》においてさとりを得、法明《ほうみょう》如来となるであろう。時代（劫）を宝明《ほうみょう》といい、国を善浄《ぜんじょう》という。その仏の寿命はかぎりなく（無量阿僧祇劫《むりょうあそぎこう》）、その仏の教えはいつまでも続くであろう。その仏のなくなったあとには、

立派な塔が起ち国にみちみちるであろう、と。（あと偈で重説）

②千二百人に未来成仏の予告

この時、千二百人の煩悩を断じた阿羅漢（小乗のさとりを得たもの）は、かつてない喜びにひたり、他の弟子たちのように、我々にもまた未来成仏の予告（授記）を与えられたならば、どんなにすばらしいことだろう、と。

そこで仏は、千二百人の弟子たちの心を知って、摩訶迦葉《まかかしよう》におっしゃった――

「この千二百人の弟子たちに、つぎつぎに未来成仏の予告（授記《じゆき》）を与えよう。まず憍陳如比丘《きようじんによびく》は六万二千億の仏を供養し、そのあと仏になるであろう。名を普明如来《ふみようによらい》という。つづいて五百人の弟子たち、優楼頻螺迦葉《うるびんらかしよう》・伽耶迦葉《がやかしよう》・那提迦葉《なだいかしよう》・迦楼陀夷《かるだい》・優陀夷《うだい》・阿㝹楼駄《あぬるだ》・離婆多《りはた》・劫賓《こうひん》那《な》・薄拘羅《はくら》・周陀《しゆだ》・莎伽陀《しやかだ》など、みな究極のさとりを得、みんな同じように普明如来となるであろう、と。

③着物に縫いつけた宝珠のたとえ

イ、たとえを説く

以上のあと、偈をもって重説する。かくて五百人の阿羅漢は、未来成仏の予告（授記）を受けおわり、かつて小乗のさとりを得、これに安住して真のさとりを求めようとしなかったことを自ら責め、かつて我らはこれこそ究極のさとりであると思っていたが、今はじめて真実を知った。かつての我らはまさに無知であった。仏の真のみちびきが得られるのに、小さなさとりで満足していたのです、と。

そして五百人の弟子たちは、一つのたとえを物語ります。「着物に縫いつけた宝珠のたとえ（衣《え》裏繋珠《りけいじゅ》のたとえ）」です。法華経に説かれた有名な七つのたとえ話（法華七喩《ほっけしちゆ》）は、(1)第三章の燃える家（三界火宅《さんがいかたく》）、(2)第四章の父つねに子を思う（長者窮子《ちょうじゃぐうじ》）、(3)第五章の降る雨かわらねど、生《お》いる草木各々差あり（三草二木）、(4)第七章のまぼろしの城（化城《けじょう》）、そして(5)がこの章に今説く「着物に縫いつけた宝珠のたとえ（衣裏繋珠《えりけいじゅ》）」、(6)第十四章の王の髻《もとどり》の中の珠《たま》（髻中明珠《けいちゅうみょうじゅ》）、(7)は第十六章の医者とその子のたとえ（良医《りょうい》のたとえ）である。

さて、その「着物に縫いつけた宝珠のたとえ」はこうである。

ある人が、親友の家でお酒に酔って寝てしまった。この時、その親友は急に仕事ができて出かけねばならなかったので、この上もない高価な宝珠を、寝ている友の着物に縫いつけて出かけた。もちろん酔った人はそんなことは全く知らなかった。そして起きて他国をあちこちと流れ歩き、生活のためにいろいろと苦労をかさね、たとえわずかでも手に入れば、もって足れりとしたということである。

ところがのちにかつての親友が彼のこんな姿を見て「何てバカなんだ。どうして生活のためにそんな苦労をするんだ。私は以前君が来てくれた時、生活に苦労しないように、好き放題出来るようにと、君の着物に高価な宝珠を縫いつけておいてやったんだ。見てみろ、今だってチャンとあるよ。それなのに、そんなことも知らないで生活に苦労するなんて全くバカげてるよ。さあ、その宝珠を何になりと交換して思うがままに暮すがいい」と。

ロ、たとえの意味

仏もまたこの親友のようである。かつて大通智勝仏の昔、十六人の菩薩たちは我らをみちびいて究極のさとりを求める心（宝珠にたとう）を起させて下さった。だのに、すっかり忘れはてて、小乗のさとり（阿羅漢果《あらかんか》）を得て、これこそさとりであると思っていた。それは友人が生活に苦労して、わずかのものでも手に入れればもって足れりとしたのと同じである。

だが、究極のさとりを求める心（宝珠）は我らの心のうちになお生きていた。今、仏が我らを目ざめさせてこうおっしゃった。「お前たちが得たさとりは、究極のさとりではない。私は長い間お前たちを教えみちびき、てだてとして仮に小乗のさとりを示したのだ。それを真実のさとりを得たとお前たちは思っていたのだ。」と。

ところが、今、真実を知ることができました。あるのは一仏乗のみ。かく究極のさとりを得ることが出来たのです。こんな喜びはかつてございません、と。

以下、偈をもつて重説されている。

九、二千人に未来成仏の予言(授学無学人記品《じゅがくむがくにんきほん》)

「学《がく》・無学《むがく》」とある。詳しく言えば有学と無学である。有学とは、未だ小乗のさとり(阿羅漢果)を得るに至らず、学ぶべきものの有る人であり、無学とはすでに小乗のさとりを得て、さらに学ぶべきものの無い人のことである。俗に無学《むがく》と言えば、学問のない無知の人を言うが、仏教では逆である。有為《うい》と無為《むい》も同じで、有為《うい》とは「はからい」で迷いの世界、無為《むい》とは「さとり」の世界である。俗には有為《ゆうい》と読んで才能あり将来見込みのあるという意味だが仏教ではこれまた逆である。

①阿難に未来成仏の予言

阿難《あなん》と羅睺羅《らごら》は思うのに、我らもまた未来成仏の予言を受けたならば、どんなに嬉しいことだろうか、と。そして仏に申すには—

「仏よ、我らもまた一仏乗の教えを真に悟ることができました。すでに未来成仏の予告をいただいた人と同様、未来成仏の予言をいただきたい。阿難は常に仏の侍者《じしゃ》として晩年二十五年仏に給仕し、仏の教えを守ってまいりました。羅睺羅は仏の実子であります。もし仏が我らに未来成仏の予告を与えられたならば、多くの人たちも満足するでありましょう」と。

この時、学・無学の弟子二千人もまた阿難、羅睺羅と同様の気持で仏さまを見奉った。

そこで仏はまず阿難《あなん》に未来成仏の予告を与えられる——

阿難《あなん》よ、お前は来世において仏となり、山海慧自在通王如来《さんかいえじざいつうおうにょらい》となるであろう。まさに六十二億の仏たちを供養し、仏の教えを守り、究極のさとりを得るであろう。国を常立勝旛《じょうりゅうしょうばん》と名づけ、その時代（劫）を妙音遍満《みょうおんへんまん》という。その仏の寿命は、はかりなく（千万億無量阿僧祇劫《むりょうあそぎこう》）、仮に人あって長い時間（千万億無量阿僧祇劫）をかけて計算しようとも知ることは出来ない。仏の正しい教え（正法《しょうぼう》）が世に流布《るふ》すること、この仏の寿命に倍し、これにひきつづきそれに似た時代（像法《ぞうぼう》）はさらにそれに倍する。阿難よ、この山海慧自在通王仏は、十方のはかり知れぬ数（無量千万億恒《ごう》河沙《がじゃ》）の仏たちにその功徳を讃め称えられるであろう。（以下重説）

②羅睺羅に未来成仏の予告

つづいて仏は、羅睺羅に告げられる——

「お前は来世において仏となるであろう。蹈七宝華如来《とうしっぽうげにょらい》と名づける。はかり知れぬ（十世界微塵《みじん》等数《とうしゅ》）仏を供養すべし。そして常に諸仏のためにその長男（長子《ちょうし》）となること、今私の長男であるのと同じである。この蹈七宝華如来《とうしっぽうげにょらい》の寿命、正しい教えの流布する時代やそれに似た時代は、さきの山海慧自在通王仏《さんかいえじざいつうおうぶつ》と同じである。またこの仏のためにも長男となるであろう。かくて究極の

さとりを得るのである」と。（以下重説）

③二千人に未来成仏の予告

この時、学・無学の二千人はただ黙って、じっと仏を一心に見奉っていた。仏は阿難に言われる——

「この学・無学の二千人は、はかり知れぬ多く（五十世界微塵数《みじんじゅ》）の仏を供養し、仏の教えを守り、未来世に、同時に十方の国で各々成仏するであろう。その名も、いずれもみな宝相如来と名づけ、その仏の寿命は一劫である。国土、正しい教えの流布する時代、それに似た時代、これらもみな同じである」と。（以下重説）

十、道を弘める功徳（法師品《ほっしほん》）

法華経には二つの重要な章があります。すでに説いた第二章「唯だ一乗の法のみあり」（方便品）と、やがて説く第十六章「永遠の仏のいのち」（如来寿量品）です。

その第十六章の如来寿量品において、仏は無始無終の永遠の仏としての本来の姿（本地《ほんじ》）をお示しになります。仏の本来の姿をお示しになる後半を本門といい、それまでの説法はインドで御出生になった歴史上の人物としての釈尊の説法です。永遠の仏がこの世に姿を現わされた（垂迹《すいじゃく》）仏の説法ですので迹門《しゃくもん》（迹《しゃく》とはあ、と、を垂《た》れるあ、と、の意）といいます。ですから今お話しているのは迹門の説法です。

さてお経では、お経のはじめにその説かれる由来を説く部分を序分《じょぶん》、お経の最も主要な部分を正宗分《しょうしゅうぶん》、最後にその教えを後の世にひろくひろめるため弟子たちにその心得を述べて結びとする部分を流通分《るづうぶん》といいます。

第一章が迹門の序分、第二章以下第九章までが迹門の正宗分、そしてこれから説く第十章から第十四章までが迹門の流通分です。

ところでこの第十章は法師品《ほっしほん》といいますが、法師《ほっし》ということについて一言述べておきます。法師といえば、すぐ今のお寺の坊さんを思い浮べられるでしょうが、本来法師とは「教えをひろめるために力を尽《つく》す人」のことです。ところが教えをひろめるのには、直接教えをひろめる人も必要ですが、またその教えを弘める人の努力を有効にするため出来るだけの援助をしてくださる方もこれまた是非必要です。ですからここに述べようとする法師とは、そうした広い意味で受け取っていただかなければなりません。いわば法師といえばお寺の坊さんという考えを一度捨てて、真に教えを弘めるために努力するすべての人と解してほしいのです。

さて次に、ここから迹門の流通分に入ると申しました。後の世に教えをひろめるための弟子たちの心得を説くのですから、仏さまはここから「滅後《めつご》」つまり仏さまなきあとのことについてもお述べになることになります。

①法華経を聞くものの功徳

第九章までは舎利弗をはじめとする声聞の弟子たちに教えを説かれましたが、この第十章の冒頭から薬王菩薩という菩薩が登場なさいます。薬王菩薩については、第二十三章に薬王菩薩が過去世に法華経を身をもって読まれたことが述べられます。

前の第九章までで、小乗のさとりを得た声聞の弟子たちもみな未来成仏の予告（授記）を受け、すべて菩薩となられたことも、ここに薬王菩薩という菩薩の登場される背景にあります。

いよいよ本文に入ります。

仏は、薬王菩薩を相手に八万の菩薩たちに申されます——

「薬王菩薩よ、今ここに集っている多くの生きとし生けるもののなかの、多くの諸天・竜王《りゅうおう》、夜叉《やしゃ》、乾闥婆《けんだつば》、阿修羅《あしゅら》、迦楼羅《かるら》、緊那羅《きんなら》、摩睺羅伽《まごらが》、人《ひと》と非人《ひにん》と、比丘《びく》・比丘尼《びくに》・優婆塞《うばそく》・優婆夷《うばい》の声聞《しょうもん》を求むる者、辟支仏《ひゃくしぶつ》を求むる者、仏道を求める者を見るや。これらの衆生《しゅうじょう》、いずれもみな仏のみ前においてこの法華経のたとえほんのわずか（一偈一句《いちげいっく》）でも聞いて少しでも心に喜びをおぼえる（一念随喜《いちねんずいき》）ものにはみな未来成仏の予告を与える。やがて究極のさとりを得るであろう」と。

ここにあげられたなかに、まず八部衆《はちぶしゅう》がある。仏法を守護する八種の鬼神《きじん》、禽獣《きんじゅう》である。すなわち「天」は天界に住む諸天、「竜《りゅう》」は海、池に住む畜類、「夜叉」は鬼神、「乾闥婆」は天の音楽の神、「阿修羅」は須弥山《しゅみせん》（世界の中心にある山）の下の海底に住む鬼神、「迦楼羅」は竜を主食とする鳥で、翼・頭が金色をしている、「緊那羅」は楽器を奏する天の音楽の神、「摩睺羅伽」は人身、蛇頭の蛇神である。

つぎに四衆《ししゅう》である。出家した男性を比丘、出家した女性を比丘尼、在俗の生活をしている男性を優婆塞、在俗の生活をしている女性を優婆夷という。

そして三乗である。声聞を求める者、辟支仏《ひゃくしぶつ》（縁覚《えんがく》ともいう）を求むる者、仏道を求むる者、すなわち菩薩である。

以上のような、あらゆる生きとし生けるもののなかで、たとえ法華経のわずかでも聞いて、心に喜びをおぼえる人たちには、未来成仏の予告をあたえ、やがて究極のさとりを得て仏になるであろう、というのである。これは仏の在世の弟子について述べられている。

仏なきあと、つまり滅後においてまた然りである。仏なきあと、もし人あって、この法華経のたとえわずかであろうとも聞いて、心に喜びをおぼえるものには未来成仏の予告を与え、やがて仏となるであろう、と。

②道を説く師の功徳

ここでは「五種法師《ごしゅほっし》」「十種供養《じゅっしゅくよう》」が説かれている。

ここでも五種法師というが、さきにも述べたように法師を広い意味で経をひろめるために努力する人と受けとってほしい。

五種法師とは「受持《じゅじ》」「読《どく》」「誦《じゅ》」「解説《げせつ》」「書写《しょしゃ》」の五つである。受持とは教えを身に体して実践することで五種法師の中心（正行《しょうぎょう》）である。以下そのための助けとなるもの（助行《じょぎょう》）で、読は読むこと、誦とは暗誦すること、解説は経文を解釈し講説すること、書写は経典を書き写すことである。

つぎに十種供養とは、華《け》（花を捧げる）、香《こう》（香を焚《た》く）、瓔珞《ようらく》（玉をつないだ首飾り）、抹香《まっこう》（粉にした香）、塗香《ずこう》（香を手や身につけ行者の身を清める）、焼香《しょうこう》（香を焚《た》く）、繒蓋《そうがい》（絹のかさ）、幢幡《どうばん》（仏堂を飾るハタ）、衣服《えぶく》（身につける着物）、伎楽《ぎがく》（音楽）の十種で、これをもって法華経を供養《くよう》するのである。

ここでは法華経という経典、経巻に対して五種法師の行《ぎょう》を行ない、十種の供養をするものは、すでに昔に十五億の仏を供養し、その誓願により、この世の人々を愍《あわ》れむが故に、この人間の世界に生れてきたのである。そしてこの人たちは未来世において必ず仏となることができる。

次に仏の滅後について述べられている。すなわち、仏の滅後に、たとえ一人のためにもこの法華経を説くものは、これは仏の使であり、仏の遣《つか》わしたものとして仏にかわってこの経をひろめ多くの人々を救うものである（当知是人則如来使如来所遣行如来事《とうちぜにんそくにょらいしにょらいしょけんぎょうにょらいじ》）。わずか一人のために説いてもそうであるから、多くの人のために広く説く人は言うまでもないことである。

ところが、もし人あってよくない心で仏を罵《のの》しったとしよう。仏は平等にして不動、あたかも大山のようなもの、何の障害もない。だからその罪はなお軽い。しかし、在俗の人であれ、出家であれ、法華経を読誦する人を罵《のの》しった罪は重い。

つまり法華経を読誦する人は禅定《ぜんじょう》（精神統一）や仏の智慧で自らを飾るものであり、仏がその人を背に負い、肩にかついで下さるであろう（則為如来肩所荷担《そくいにょらいけんしょがたん》）。だからそうした法華経を読誦する人を、一心に合掌し十種供養をもって供養し、天上のいろいろの宝をもってその人に捧げ、どんなに厚く待遇してもよい。というのは、この人が法を説かれるのを、たとえわずかでも聞けば、究極のさとりを得ることが出来るからである（須臾聞之即得阿耨多羅三藐三菩提《しゅゆもんしそくとくあのくたらさんみゃくさんぼだい》）（以下、偈《げ》をもって重説あり、その最後に「私の説く経典のなかで法華経が第一である（我所説諸経而於此経中法華最第《がしょせつしょきょうにおしきょうちゅうほっけさいだい》一《いち》）」とある）。

③法華経の功徳、甚だ大なり

仏がまた薬王菩薩に告げて申されるには――

「私の説くところの経典は、はかり知れず多い。すでに説いたところ（已説《いせつ》）、今説くところ（今《こん》説《せつ》）、のちに説くであろうところ（当説《とうせつ》）、しかもそのなかで、この法華経は小乗のさとりにとらわれる多くの人々には、容易に信じ解《さと》ることは出来ない（已説今説当説而於其中此法華経最為難信難《いせつこんせつとうせつにおごちゅうしほけきょうさいいなんしんなん》解《げ》）。この法華経は衆生《しゅうじょう》の性質、能力を思い、今日まで説かなかった仏の妙宝《みょうほう》である。決して妄《みだ》りに説いてはならない。仏が大切に守って昔よりこのかた未だ説かれなかったものである。多くの人々はとかく小さな楽しみに執着《しゅうじゃく》して、大乗の教えを聞いてはかえってこれを怨《うら》み、嫉《ねた》む。だから仏の在世ですらそうだから、仏なきあとは言うに及ばずである（如来現在猶多怨嫉況滅度後《にょらいげんざいゆたおんしつきょうめつどご》）」と。

さらにまた仏は薬王菩薩に告げられる――

「薬王菩薩よ。仏なきあと、この法華経を身をもって実践し、読誦し、供養し、他人のために説くものは、仏がその衣をもって、あらゆる迫害から守ってくださるであろう。この人は一仏乗を信じ、仏道を求める心を持ち、菩薩のあらゆる修行をするであろう。かかる人は仏と同じ心を持ち、仏の愛子として仏のみ手をもってその頭《こうべ》をなでられるであろう」と。

さらに仏の言葉はつづく。

「あらゆるところでこの法華経を説き、読み、書き、そしてこの法華経のあるところ立派な塔をたてて供養するであろう。もはや仏のお骨（舎利《しゃり》）を供養することはない、この法華経の中にこそ仏の全身がましますのである。（旧来の舎利《しゃり》供養《くよう》に対し、経巻供養《きょうがんくよう》の強調）そしてこの法華経の塔を供養するがよい。その人たちは究極のさとりに近づいているのである。薬王菩薩よ、在俗の人であろうと、出家であろうと、菩薩の道を修行する人で、この法華経の一仏乗の教えを知らず、供養することを知らないものは、それはもはや真の菩薩の道ではない。それに対してこの法華経を聞くことある人は、それこそが菩薩の道を修行しているのである。だから仏の道を求め、この法華経を見、聞き、真に理解して信じる人は、この人こそ究極のさとりに近づいているのである」と。

④土《つち》湿《うるお》えば水近し

ここで仏は一つのたとえを説かれる（穿鑿《せんじゃく》高原《こうげん》の譬という。法華七喩《しちゆ》には数えない）。

ある人がノドが渇いて水が欲しいと思って高原の土を掘った。まだ土が乾いている間は容易に水は得られないが、なお一層努力して掘りすすみ湿《しめ》った土を見、泥を見るようになれば、もう水は近いと知るように、仏の道もまた同じである。この法華経を聞かず、解《さと》らぬ間は究極のさとりへの道は遠い。しかしこの法華経を聞き（聞慧《もんえ》）、考え（思慧《しえ》）、実践する（修慧《しゅうえ》）ことが出来れば、もはや究極のさとりに近づいたことを知るのである。というのは、すべての菩薩の究極のさとりはこの法華経に拠《よ》るからである。この法華経において始めて、小乗《しょうじょう》のさとり（阿羅漢果《あらかんが》）は、仏のてだてとして説かれたもので、あるのは究極のさとり（一仏乗）だけだと説き明されたのである。この法華経の真意は容易にはかりがたく、小乗のさとりに安住する人には到底入りがたい。そこで仏は、仏道を求むる菩薩を教えみちびき、今はじめてここに説き示されたのである。だからこの法華経を聞いて驚き疑い、怖《おそ》れをなす菩薩は新入（新発意《しんぽっち》）の菩薩であり、小乗のさとりに安住しこの法華経を聞いて驚き疑い、怖れをいだくものは真実の道を得てないのに、すでに得たと思っている思いあがった人（増上慢《ぞうじょうまん》）である。

⑤法華経を説くものの心得（衣《え》・座《ざ》・室《しつ》の三軌）

仏はなお薬王菩薩に告《つ》げられる――

「仏なきあと、在俗の男女と出家の男女（四衆）のためにこの法華経を説くものは、如来の室に入り、如来の衣を着、如来の座に坐してこの法華経を説くべきである。

如来の室に入る、すなわち仏の部屋に入るとは大慈悲心をもって法華経を説くことである。世の中には善人もおれば悪人もいる、性質、能力のすぐれたものも、劣ったものもいる。あらゆる階層の人たちに、真の人生を歩ませようという仏の慈悲《じひ》の心がなければ、法華経を説くことは出来ない。

如来の衣を着るとは柔和忍辱《にゅうわにんにく》の心をもって法華経を説くのである。「忍」とは古来、生忍《しょうにん》と法忍《ほうにん》にわけられる。生忍とは生きたものに対して耐え忍ぶことである。世の中にはいろいろの人がいる。罵《ののし》るものもあろう、迫害を加えてくるものもあろう。それに耐え忍んでこの法華経を説くのである。法忍とは人間以外の「物」「事」に対して耐え忍ぶのである。暑さ、寒さもあろう、あらゆる天変地異もあろう、そうしたことに耐え忍んで法華経を説かねばならない。

最後の如来の座とは一切法は空であるということである。この世の中のすべては差別の世界である。木の葉一枚、どれをとっても同じものとてはない。しかしその差別の世界のなかで平等を見る立場が一切法空である。あらゆる差別があろうとも、すべてみなこれ仏になるのである。この事をしっかり見えすえて、法華経を説かなければならない。

この大慈悲心、柔和忍辱、一切法空という深い心に、どっかと腰をすえて、いささかも怠《なま》ける心なく、この法華経を説かねばならない」と。

さらに仏の言葉はつづく——

「仏はこの世界を去って他の国土にあっても、この世界に人を遣《つか》わして法華経を聞く人を集め、また在俗の男女、出家の男女を遣わして法華経の説法を聞かせるであろう。この人たちは、法華経を聞いて素直にこれを信じ、決して逆《さから》うようなことはしない。またこの法華経を説く人が、人里離れた静かなところにいるならば八部衆(天・竜等)を遣わして説法を聞かせるであろう。たとえ仏がこの世界を離れて異国にあっても、真に存在するものは不生《ふしょう》、不滅《ふめつ》、永遠であることを理解するものの前に仏は姿をあらわすであろう。またこの法華経を説くものが、然るべき言葉を見失っても、仏はそれを思いおこさせるであろう」と。

以下偈《げ》によって重説がつづいてこの章は終る。

十一、大地より宝塔涌出《ゆじゅつ》す（見宝塔品《けんほうとうほん》）

①宝塔《ほうとう》涌出《ゆじゅつ》

『その時に、仏前に七宝《しっぽう》の塔あり。高さ五百由旬《ゆじゅん》、幅二百五十由旬。大地から涌《わ》き出て空中にかかった。その塔はいろいろの宝で飾られており、多くの手すりがあり、部屋は千万もあった。ともかくも金・銀を始め、七宝で飾られ、高さはこの世界の中心にある須弥山《しゅみせん》の中腹にまでかかったという。天界に住する諸天はマンダラケをふらして宝塔に供養し、仏法守護の八部衆は華《はな》や香《こう》をはじめあらゆるてだてをもってこの宝塔を供養し、心から恭い、ほめたたえた。

その時、宝塔の中から声がして、「すばらしいことです。仏が法華経を多くの人々に説き給うことよ。その通りです、その通りです。釈尊のお説きになるところ、みなこれ真実であります」と。この時、出家の男女、在家の男女、この仏のみ声を聞いて、一同心から喜び、座をたって、宝塔に合掌し、かくてそれぞれ座についた』

これが第十一章「大地より宝塔涌出す」（見宝塔品）の冒頭のことばであります。由旬というのは長さの単位です。帝王の一日行軍の里程といわれ、四十里、三十里、あるいは六十里ともいわれます。かりに一由旬三十里とすれば、五百由旬とは一万五千里、想像もつかぬ高さです。それが大空にかかり、その中から声があったのです。

ここで法華経は一つの大きなピークにさしかかります。すぐあとに出てくるように、宝塔の中の声の主は、過去仏多宝如来なのです。昔から、この章は「証前起後《しょうぜんきご》」といわれます。前を証して、後を起す、と読むのですが、従来の第二章を中心とした法説《ほうせつ》、譬説《ひせつ》、因縁説《いんねんせつ》という三《さん》周説法《しゅうせつぽう》の内容の真実であることを証明し（証前）、ここから虚空会《こくうえ》（大空での説法）がはじまり、永遠の仏陀を宣言される第十六章を中心とした、法華経の後半、つまり本門をみちびきだすという意味で「起後」ともよばれます。いわば本門へのプロローグです。また、法華経は二処三会《にしよさんね》といわれる、霊鷲山《りようじゆせん》、虚空会《こくうえ》、霊鷲山《りようじゆうせん》と説法の場がかわりますが、その第二、法華経の中心を説く虚空会《こくうえ》の説法がこの章からはじまるのです。ともかく劇的なシーンの展開です。

さて、ここに大楽説菩薩《だいぎようぜつぼさつ》という方がいらっしゃいます。この菩薩は、みんなの疑いを代表して、仏に申します――

「一体、どういう因縁があって、この見あげるような宝塔が大地から涌き出、またそのなかから大音声《だいおんじよう》が聞えてくるのですか」と。

そこで仏は大楽説菩薩に申されます――

「この宝塔の中に仏がいらっしゃる。その昔、東方に宝浄《ほうじよう》という国があって、多宝如来という仏がいらっしゃった。その仏は、菩薩の修行中、一つの誓願をおこされた。というのは、もし私が仏となり、なくなったあと、あらゆる世界で、法華経を説くところがあるならば、私の宝塔はこの法華経を聴くために、その法華経を説かれているところに涌き出て、この法華経の教えの真実であることを証明しよう、と。かくて多宝如来は、いよいよおなくなりになる時、多くの人々に告げて言われるには、私なきあと、この私を供養しようとするものは、まさに一つの大塔を起てよ、と。そうした事情で、多宝如来はその誓願の力で、世界のどこであれ、法華経を説くところあれば、この宝塔、その前に涌き出て、多宝如来はその塔のなかにあって、すばらしいことだ、すばらしいことだと、お讃めになるのである。大楽説菩薩よ、今、私がここに法華経を説くのをお聴きになろうとして、宝塔が大地より涌き出、すばらしいことだ、とお讃めになったのだ」と。

②あまたの仏たち集う

そこで大楽説菩薩は、多宝塔中の多宝如来を拝みたいと申します。

その時、仏が申されるには――

「この多宝如来には一つの大きな願《ねがい》があるのだ。というのは、この宝塔が法華経を聴くために仏のみ前に出現し、この我が身を在家、出家の男女の前に示そうと思ったら、仏が多くの人々を救うために身を分ってそれぞれに姿をあらわされた数多くの仏（分身《ふんじん》の諸仏という）がそれぞれのところで説法しておられるのを、全部この宝塔の前に集っていただいて、はじめてその身を示すであろう、と。だから、大楽説菩薩よ、多くの人々をみちびくためいたるところの世界で法を説いている私の身を分った仏たちをここに集めなさい」と。

この時、仏が眉間《みけん》の白毫相《びゃくごうそう》から光を放たれると、あらゆる世界の、はかり知れぬ多くの仏たちが、妙《たえ》なる声で法をお説きになる姿が見えた。そしてそれらのはかり知れぬ多くの仏たちは、多くの菩薩たちに、「私はこれから娑婆《しゃば》世界の釈迦牟尼仏（釈尊）のみもとへ行って、多宝如来の宝塔を供養するであろう」とおっしゃっている様子が望まれた。

さて、この時であった。穢《けが》れた世界である娑婆世界がすっかり清浄《しょうじょう》な世界にかわった。宝石を敷き、宝樹で飾り、そこにはもはや、村も、町も、大海も、大河も、山も、川もなく、立派な香の匂いがただよい、マンダラケの花が大地に散り敷き、宝の幕が張られ、宝の鈴がかけられてあった。そして無縁の多くの人々はみんな他の世界に移された。ちょうどその時、多くの仏たちは一人の菩薩をお伴にこの娑婆世界のもとにおいでになって宝樹《ほうじゅ》のもと、立派な座におつきになった。そして、いずれもみな静かに正坐なさっていた。

でも、まだなお集りになっていない仏たちもあった。そこで釈尊は、なお多くの身を分った仏たちを受入れるため、さらに多くの国（二百万億ナユタ）を清浄ならしめられた。もはやそこには地獄、餓鬼、畜生、阿修羅なく、無縁の人々はいずれも他の世界に移された。この国もまた宝石を敷き、宝樹のもとに仏の坐られる座をしつらえられた。そして海も、河も、またあらゆる山々もなく、すべての世界は、ただ一つの仏の世界となった。

ところが、なおまだ来られる仏たちがいらっしゃるので、三たびこの世界(二百万億ナユタの国)を清浄ならしめられた(以上この世界を三たび清浄にかえられたことを「三変土田《さんぺんどでん》」という)。ここでもまた宝石を敷き、宝樹のもとに仏の座をしつらえられた。そして海も、河も、あらゆる山々もなく、すべての世界は、ただ一つの仏の世界となった。

そしてその時、東方をはじめ、あらゆる世界(百千万億ナユタのガンジスの河の砂の数ほど)の、仏の身を分たれた仏たちがすべてお集りになって、いたるところ(四百万億ナユタの国土)仏たちで満ち満ちた。

③多宝塔を開く

かくてお集りになった仏たちは、宝樹のもとにしつらえられた座に坐し、使のものを遣わして釈迦牟尼仏にご挨拶申しあげた。それらの使者はもう手にすばらしい花を持ち、霊鷲山の釈迦牟尼仏のもとにいたって「おすこやかにいらっしゃいますか。お弟子のみなさんもおかわりございませんか」と。そしてすばらしい花を捧げ「私たちもみんな多宝塔を開きたいと存じます」と申しあげた。

かくて釈迦牟尼仏は、身を分ったあまたの仏たちがすべて集られ、それぞれの座に坐し、いずれの仏もみな多宝塔を開くことを求めていらっしゃるのをお聞きになって、釈迦牟尼仏は座を起って大空に昇られた。この時、集ったすべての人たちは起立し合掌して心から仏を見たてまつった。そして釈迦牟尼仏は右の指で七宝の宝塔の戸をお開きになった。大城の門《かんぬき》と錠《じょう》を取りはずす時のような大きな音がした。その時、一同は過去の仏である多宝如来は座に坐し、あたかも生けるが如くそのままのお姿（全身散ぜず）で座禅をなさっているようであった。そして「すばらしいことです。すばらしいことです。釈迦牟尼仏よ、よく法華経をお説きになられました。この法華経を聴くためにここにやってきたのです」というお言葉が聞かれた。

この時、一同は、はかり知れぬ（無量千万億劫）過去に、すでにおなくなりになった仏が、このようなお言葉を述べられたのを見て、ただただその不思議に驚き、宝の花のたばを多宝如来と釈迦牟尼仏の上に散じた。

④多宝如来、半座をわかち釈迦牟尼仏を招き並び座す

その時、多宝如来は宝塔の中で、釈迦牟尼仏の座を設け「釈迦牟尼仏、どうぞこちらへお座り下さい」とおっしゃった。と同時に、釈迦牟尼仏は宝塔にお入りになり相並んでお座りになった（二仏並座《にぶつびょうざ》という）。

⑤大衆を虚空に置きたもう

その時、一同は釈迦、多宝の二仏が相並んでお座りになったのを見ながら思うには、地より涌き出て空中にある五百由旬の宝塔は余りにも高く、見あげるに余りにも遠い、どうか我々もまた仏の不思議な力をもって大空に昇らしめたまえ、と。そう一同が思った時、釈迦牟尼仏は一同を大空に昇らせられた（かくて虚空会《こくうえ》の説法となる）。

⑥法華経付託《ふたく》を宣《せん》す

そしてこの時、釈迦牟尼仏は、四囲にひびきわたる大音声で次のように宣言された――「この娑婆世界においてこの法華経を説かんとするものは誰ぞ。この法華経を付託《ふたく》する時はまさに今である。仏は久しからずして滅度《めつど》（なくなること）するであろう。仏は今やこの法華経を付託し、永久にひろめようと思う」と。

⑦法をひろめることの難しさ

以下、偈をもってくりかえし説かれる。その偈の終りに近く、さきの付託の宣言があり、法華経をひろめることが、いかに困難なことであるかを説いて、法華経を説かんとするものの覚悟を促がされるのである（六難九易《ろくなんくい》として広く知られるところである）。以下□は易、◯は難。

1法華経以外のあらゆる経典、その数ガンジス河の砂の数ほどを説いたとしても、まだ難しいとはいえない。

2この娑婆世界の中心にある須弥山《しゆみせん》を手にとって擲《な》げたとしても、まだ難しいとはいえない。

3この世界を千倍したのが小千世界、それを千倍したのが中千世界、さらにそれを千倍した大千世界を、足の指で動かして遠く他の国に擲《な》げたとしても、まだ難しいとはいえない。

4 この世界の頂《いただき》（有頂天《うちょうてん》）に立って多くの人のために、あらゆるお経を説いたとしても、まだ難しいとはいえない。

5 ①仏なきあとの悪世でこの法華経を説くことは難しい。（弘説難《ぐせつなん》）

5 手に大空をとってあちこちめぐり歩いたとしても、まだ難しいとはいえない。

②仏なきあと、この法華経を自分で書き、あるいは人をして書かしめることは難しいことである。（書写難《しょしゃなん》）

6 この大地を足の爪の上に置いて天（梵天《ぼんてん》）に昇ったとしても、まだ難しいとはいえない。

③仏なきあと悪世の中でたとえわずかなりとも、この法華経を読むことは難しい。（読誦難《どくじゅなん》）

7 この世界の終末に起る大火のなかを、乾いた草を背に負うて入って焼けないようにしたとて、まだ難しいとはいえない。

④仏なきあと、この法華経を持《たも》ち、たとえ一人のためにでも説くことはまことに難しい。（潜説難《せんぜつなん》）

8 仏の八万四千の法門、普通これを十二部に分類するが、これを多くの人に説いて、その聴衆に六つの不思議な力（変幻自在どこでも行ける、遠近大小何でも見える、何でも聞える、他人の心がわかる、人の過去世《かこせ》を知る、煩悩を断じ尽くす）を得させたとしても、まだ難しいとはいえない。

⑤仏なきあとこの法華経を聴いてその意味を問うことは、まことに難しい。（問義難《もんぎなん》）

9人に法を説いて、はかり知れぬ（千万億無量無数ガンジスの河の砂の数）人に小乗のさとり（阿《あ》羅漢果《らかんが》）を得させ、六つの不思議な力（前掲）を得させたとしても、まだ難しいとはいえない。

⑥仏なきあとこの法華経を身に持《たも》つことは、まことに難しい。（受持難《じゅじなん》）

⑧宝塔偈《ほうとうげ》

この偈の最後は、ひろく宝塔偈《ほうとうげ》として読誦される一節である。

「この法華経を持《たも》つことは難しい。たとえわずかでも持つものは仏が大いに喜ぶ。もろもろの仏もまたそうである。このような人は仏の歎《ほ》めたもうところである。これこそ真に勇気ある人であり、これこそ真に努力する人であり、これを戒《かい》を持ち、清浄《しょうじょう》の行《ぎょう》を行ずるものと言う。もはやすでに無上のさとりを得たものである。また来世《らいせ》においてこの法華経を読み持つものは、この人こそ真に仏の子であり、まじりけのない優れた境地にいる人である。仏なきあとこの法華経の真の意義を理解できる人は、この人こそこの世間《せけん》の眼《まなこ》であり、仏なきあとの悪世でたとえわずかでもこの法華経を説くものは、あらゆる天も人もみなこの人を供養するであろう」（此経難持《しきょうなんじ》、若暫持《にゃくざんじ》者《しゃ》、我即歓喜《がそくかんぎ》、諸仏亦然《しょぶつやくねん》、如是之人《にょぜしにん》、諸仏所歎《しょぶつしょたん》、是則勇猛《ぜそくゆうみょう》、是則精進《ぜそくしょうじん》、是名持戒《ぜみょうじかい》、行頭陀者《ぎょうずだしゃ》、則為疾《そくいしっ》得《とく》、無上仏道《むじょうぶつどう》、能於来世《のうおらいせ》、読持此経《どくじしきょう》、是真仏子《ぜしんぶっし》、住淳善地《じゅうじゅんぜんち》、仏滅度後《ぶつめつどご》、能解其義《のうげごぎ》、是諸天人《ぜしょてんにん》、世間之《せけんし》眼《げん》、於恐畏世《おくいせ》、能須臾説《のうしゅゆせつ》、一切天人《いっさいてんにん》、皆応供養《かいおうくよう》）

十二、悪人と女人の成仏（提婆達多品《だいばだったほん》）

①提婆達多に未来成仏の予告

イ、仏・むかし阿私仙人《あしせんにん》に給仕《きゅうじ》

仏が天・人・在家出家の男女に告げていわれるには——

「私は、はかり知れない（無量劫）昔、法華経を求めて倦《う》むことはなかった。長い間（多劫）国王となって、願をおこし、究極のさとりを求めて努力した。さとりにみちびく六つの道（六波羅蜜《はらみつ》、施し、教団生活の規律の遵守、耐え忍ぶこと、努力、精神集中、仏の智慧、以上の六つをいう）を完成しようと施《ほどこ》しにつとめ、象や馬、あらゆる宝、国や城、妻子、召し使いたち、そしておのれの頭や目、脳、身体、手足、あるゆるものを惜しむことなく、もちろん身体も生命もさらさら惜しむ心はなかった。そのころ人々の寿命ははかり知れず、まことに良い時代であった。国王は真実の道を求めるために王の位をすてて、太子に委《ゆだ》ね、鼓《つづみ》をうって四方に向って言うには『誰か私のために大乗の教えを説いてください。私はその人のために生涯給仕《きゅうじ》し使い走りをさせていただきましょう』」と。その時仙人（偈に「阿私仙」とあり）がやってきて言うには——

「私は法華経と名づける大乗経典を持《たも》っています。もし私の言葉に違背《いはい》しないようならば、この法華経を説きましょう」と。

王はこの仙人の言葉を聞いて、踊りあがって喜び、それ以来、この仙人について必要なものを準備し、木の実をとってきたり、水を汲んだり、薪《たきぎ》を拾ってきたりして食事の用意をし、自分の身体を仙人の坐す坐具とさえして懸命に努力を続けた。こんな風に給仕すること千年、真実を求めるため、あらゆる努力を払って給仕し、仙人に不足のないよう心がけた。

ロ、仙人とは提婆達多

そこで仏が言われるには――

「その時の国王というのは私であり、その時の仙人というのは提婆達多であった。私は提婆達多という立派な師匠があったればこそさとりにいたる六つの道（前掲）や多くの人に幸福をさずける四つの心、さては仏の姿としての三十二相《そう》、八十種好《しゅごう》、紫を帯びた金色《こんじき》を得、さらには仏の具える十の力、仏の四つの徳、人々をみちびく四つの方法、仏の持つ十八種の功徳法、不思議な力をいずれも身につけることができ、究極のさとりを得て、広く人々を救うことの出来たのも、みな提婆達多という立派な師匠があったればこそである」と。

ハ、提婆達多に未来成仏の予告

かくて仏は在家、出家の男女に告《つ》げていわれるには――

「提婆達多は、はかり知れない時（無量劫）を経て、やがて仏となるであろう。天王如来《てんのうにょらい》と名づけ、その国を天道《てんどう》という。この天王如来、世に住すること二十中劫、広く人々のために法を説き、ガンジスの河の砂の数ほどの人々が小乗のさとり（阿羅漢果《あらかんが》）を得、多くの人々が縁覚《えんがく》の心をおこし、ガンジスの河の砂の数ほどの人が究極のさとりを求めて空《くう》を悟り、再び迷いの世界に戻るようなことはない。この天王如来《てんのうにょらい》がこの世を去って、正しい教えが世に伝わること二十中劫、その仏の舎利《しゃり》（お骨）を供養するための七宝《しっぽう》の塔をたつ。高さ六十由旬《ゆじゅん》、幅四十由旬。多くの天人はみんな十種供養《じゅっしゅくよう》（第十章参照）をもってこの七宝の塔を礼拝《らいはい》、供養《くよう》するであろう。そしてその功徳によって多くの人が小乗のさとりを得、多くの人が縁覚のさとりを得、さらに考えることも出来ぬ多くの人々が、さとりを求める心を起して、再び迷いの世界に戻るようなことはないであろう」と。

二、疑をすてて信ぜよ

ここでいささか話が前後するが、提婆達多について述べなければならない。提婆達多は釈尊のイトコにあたるが、釈尊の晩年、マガタ国の王子阿闍世《あじゃせ》をそそのかし、王子は父の頻婆沙羅王《びんばしゃらおう》を幽閉して王位を奪い、提婆達多は仏教教団を分裂にみちびいた。よって提婆達多の五逆《ごぎゃく》が数えられている。(1)教団を分裂にみちびき、僧の和合《わごう》を破った、(2)山から石を投げて仏の身より血を出した、(3)酒に酔った象を放って仏を踏ませようとした、(4)蓮華色比丘尼《れんげしきびくに》を拳《こぶし》でうって死に至らしめた、(5)毒を手の指の爪に塗り仏を害しようとした、というのである。かくて彼は生きながら地獄におちたと伝えられている。いわば大悪人なのである。その悪人が法華経で未来成仏の予告を受けたのである。容易に信じられないことである。

だから仏はもろもろの弟子たちに告げて言われるには――

「未来世《みらいせ》の中に善男子《ぜんなんし》、善女人《ぜんによにん》あって、この法華経の提婆達多品（提婆達多という悪人に未来成仏の予告が与えられている）を聞いて、素直な気持で信じ敬い、疑いを生じないものは、地獄、餓鬼、畜生の三悪道《さんなくどう》に堕《お》ちることなく、仏のみ前に生れるであろう。その生れたところで、常にこの法華経を聞くであろう。もし、人や天に生れたならばすぐれた楽しみを受け、もし仏のみ前に生れたならば蓮華の中に生ずるであろう」と。（浄心信敬《じようしんしんぎよう》、不生疑惑者《ふしようぎわくしや》、不堕地獄餓鬼畜生《ふだじごくがきちくしよう》、生十方《しようじつぽう》仏前《ぶつぜん》。この一節は広く知られている）

②竜女の成仏

イ、智積菩薩《ちしやくぼさつ》、文殊菩薩《もんじゆぼさつ》に問う

ここで多宝如来《たほうによらい》のお伴《とも》をしてきた智積《ちしやく》菩薩は「多宝如来は釈迦牟尼仏のお説きになる法華経の真実であることをすでに証明なさった。すでに事おわったので、もとの国に帰りましょう」とお勧《すす》めした。ところが釈迦牟尼仏は仏の永遠性を説く法華経後半の重要部分（本門《ほんもん》）がまだ説かれていないこともあって、智積菩薩に言われるには「しばらくお待ちなさい。文殊菩薩がおります。

お会いになって、共にこの妙法華経を語りあって、それからお帰りなさい」と。

その時、文殊菩薩は千枚の蓮華の葉を車輪のようにした、その上に坐し、またお伴をしてきた菩薩たちも、立派な蓮華の上に坐し、大海のシャカラ竜王（八大竜王の一つ）の竜宮《りゅうぐう》からやってきて虚空《こくう》に位置し、霊鷲山《りょうじゅせん》にいます仏のもとにいたり、釈迦、多宝のおふたりに敬《うやうや》しく礼拝《らいはい》し、智積菩薩にご挨拶して座についた。

その時、智積菩薩が文殊菩薩に問うて言われるには――

「文殊菩薩よ、シャカラ竜王の竜宮において、どれほどの数のものを教えみちびかれたか」。これに答え、文殊菩薩が言われるには――

「その数は到底はかることも、口に述べることも、心でおしはかることも出来ません」と。その文殊菩薩の言葉が終るか終らないかに、無数の菩薩が立派な蓮華に乗って海から湧《わ》き出《い》で、霊鷲《りょうじゅ》山《せん》の虚空《こくう》に位置した。これらはみな文殊菩薩の教えみちびいたものである。菩薩の行を修して、さとりにいたる六つの道（六波羅蜜《はらみつ》）を説き、もと声聞《しょうもん》であった人は、虚空のなかで声聞《しょうもん》の行を説いた。そして今は皆大乗によって「存在の真実のすがた（諸法実相《しょほうじっそう》）」を修行しております。

文殊菩薩は、智積菩薩に向って「海において教えみちびくこと、このようでありました」と。

ロ、竜女の登場

そこで文殊菩薩が、海の中では、ただ法華経を説いておりましたというと、智積菩薩が言われるには――

「この法華経はまことに微妙《みょう》の法、多くの経の中の宝である。あなたのみちびきを受けたもののなかに、努力してこの法華経を修行して仏となったものがおりますか」と。

これに対して文殊菩薩は――

「おりますとも。シャカラ竜王の娘で八歳になるものが、すぐれた智慧と性質を持ち、人々の性質に従うて行う修行の何たるかを知り、法を聞いては決して忘れぬ徳をもち、それ故に諸法の説くところの最も大切なものを身につけている。そして静かに精神統一に入ってすべての教えをさとり、わずかの間にさとりを求める心をおこし、再び迷いの世界に戻るようなことはない。法を説く力は自在で、人々を慈《いつく》しむこと自分の子のようで、あらゆる功徳を身につけ、心に存在の真実のすがた（諸法実相《しょほうじっそう》）を思い、口に大乗の教えを説き、まことに微妙であり、また広大である。慈しみがあり、なさけがあり、おごらず、たかぶらず、心まことに和《なごや》かで、ついにさとりにいたりました」と。

これを聞いた智積菩薩が言われるには――

「釈迦如来は長い歳月、難行《なんぎょう》、苦行《くぎょう》して始めて功を積み、徳をかさね、なおさとりの道を求めて努力を続けられた。この三千大千世界のなかで、たとえわずかばかりでも、この釈迦如来が命を捨てて修行なさらなかったところとてない。それというのもみな、人々を真に慈しむが故である。

釈迦如来はこんな風に努力を続けて始めてさとりに到られたのである。それを思うと八歳の童女がわずかの間にさとりに到ったとは到底信じられない」と。

この智積菩薩の言葉が終るか終らないか、忽然《こつぜん》と童女があらわれ、仏を礼拝し、仏の徳を讃めたたえた。

その時、舎利弗が童女に向って言うには――

「あなたが、わずかの間にさとったということ、私にはとても信じられない。というのは、女性というものは仏法を受くるに堪える性質を持ちあわせていない。どうして究極のさとりが得られましょうや。さとりに至る仏の道はけわしい。長い歳月、刻苦勉励《こっくべんれい》、さとりにいたる六つの道を修行してはじめて完成するものなのです。それに昔からいわれているように、女性には五つの障《さわ》りがあるのです。梵天王《ぼんてんのう》、帝釈天《たいしゃくてん》、第六天の魔王《まおう》、四囲を征する聖王、そして仏にはなれないと。だのに、女性の身でわずかの間に仏になったとは、到底考えられません」と。

この時、童女はまことに高価な（その値《あたい》、三千大千世界）宝珠《ほうじゅ》を仏にたてまつった。仏は即座《そくざ》にこれをお受取りになった。そこで竜女が言うには「私は仏に宝珠をたてまつりました。仏がこれをお受取りになったのは早かったでしょうか、どうでしょうか」と。舎利弗は言う「そりゃ、とても早かったですよ」と。そこで竜女が言うには「あなたの円眼《えんがん》（真実を見透す眼）をもって私の成仏《じょうぶつ》を観《み》よ、仏が私の宝珠《ほうじゅ》をお受取りになったよりも、なお私の成仏《じょうぶつ》は早いであろう」と。

時にここに集っていた一同は、童女が忽《たちまち》の間に男子となって（変成男子《へんじようなんし》）、菩薩の道を完成して、南方無垢《むく》世界に行って、みごとな蓮華の上に坐し、無上のさとりを得、仏のすがたである三十二相、八十種好《しゅごう》をそなえ、広く十方の人々にこの法華経を説くのを見た。

この様子を見ていた娑婆世界の菩薩や声聞・天・竜・八部衆らは、遙かに、竜女が成仏して多くの人々に法を説くのを見て、深く感動し、遙かに竜女を伏し拝んだ。この時、多くの人々は法を聞いてさとり、再び迷いの世界に戻ることなく、また未来成仏の予告を与えられた。竜女の成仏した無垢《むく》世界は大地が六種に揺れ動き、一方娑婆世界では、三千の人々が再び迷いの世界に戻ることなくなり、三千の人々はさとりを求める心（菩提心《ぼだいしん》）をおこし、いずれも未来成仏の予告を与えられた。この時、智積菩薩も舎利弗も、また集った一同も、ただ黙ってこの竜女成仏の事実を素直に受けられた。

十三、仏なきあとの弘経《ぐきょう》を誓う(勧持品《かんじほん》)

①二万の菩薩ら誓言《せいごん》す

第十一章「大地より宝塔《ほうとう》涌出《ゆじゅつ》す」の終りに近く、仏は四囲にひびきわたる大声で「この娑婆世界においてこの法華経を説かんとするものは誰ぞ」と。そして仏なきあとこの法華経を付託《ふたく》することを宣せられました。

そこでこの章の冒頭に、第十章に登場された薬王菩薩、第十一章に登場された大楽説《だいぎょうぜつ》菩薩をはじめ二万の菩薩たちがお伴《とも》の人々とともに仏に誓いを述べて言われるには――

「どうか仏よ、御心配なさいませんように。私たちは仏なきあとこの法華経を持《たも》ち、読誦《どくじゅ》し、説くでありましょう。後の悪世の人は善い果報《むくい》を受ける善因少なく、真の自己を知らぬ高慢なもの多く、衣服《えぶく》、臥具《がぐ》の供養をむさぼり、悪行《あくぎょう》多く、真実のさとりを求めようとはしません。教えみちびくことは難しいですが、私たちはどこまでも耐え忍び、この法華経を読誦《どくじゅ》し、よく持《たも》ち、そして説き、書写し心をこめて供養し、身命《いのち》を惜しむようなことは決してございません」と。

つづいて第八章で未来成仏の予告を与えられた五百人の人々も「私たちは何しろ初歩の菩薩で

すので悪世の中の弘経《ぐきょう》は難しいでしょうから、他の善い国へ行ってこの経を弘《ひろ》めましょう」と誓い、さらに小乗のさとりを得たもの、また修行中で未来成仏の予告を与えられた八千人は、仏に合掌して、誓いを述べて言うには——

「私たちもまた未熟なものですから、他の国土でこの法華経を説きましょう。この娑婆世界は悪いならわしが多く、真の自己を知らぬ高慢なものが多く、功徳は薄く、憎しみの心の汚れやへつらい多く、まごころがないからであります」と。

②比丘尼に未来成仏の予告

この時、仏の養母であった摩訶波闍波提比丘尼《まかはじゃはだいびくに》（比丘尼は女性の出家者）が、小乗のさとりを得たもの、また修行中の六千人の比丘尼とともに、座より起《た》って仏を合掌し、仏のお顔をまんじりともせず見つめていた。

そこで仏が摩訶波闍波提比丘尼に言われるには——

「どうしてそんなに憂《うれい》をふくんだ眼で見つめているのだ。あなたは自分がまだ未来成仏の予告を与えられない、と思っているのではないか。私はすでに総ての声聞《しょうもん》に未来成仏の予告を与えたではないか。あなたは数多く（六万八千億）の仏の教えのなかで大法師《だいほうし》となるであろう。また小乗のさとりを得たもの、及び修行中のもの、六千人の比丘尼もまた法師となるであろう。そして漸次、菩薩の行を積んでやがて仏となるであろう。その仏の名を一切衆生喜見如来《いっさいしゅじょうきけんにょらい》という。この一切衆生喜見如来や六千の菩薩たちはつぎつぎ未来成仏の予告を与えられ、究極のさとりにいたるであろう」と。

ついでかつて仏の妻であり、羅睺羅《らごら》の母である耶輸陀羅《やしゅだら》は、仏はどうして私に未来成仏の予告をお与えにならないのだろう、と思った。そこで耶輸陀羅の心中を察せられた仏が耶輸陀羅に言われるには——

「あなたは、次の世で、多くの（百千万億）仏の教えの中で菩薩の道を修行して大法師となり、漸次仏の道を修めて、善い国でやがて仏となるであろう。その仏の名を具足千万光相如来《ぐそくせんまんこうそうにょらい》と名づけ、その仏の寿命ははかり知れぬ長い歳月（無量阿僧祇劫《あそぎこう》）であろう」と。

③比丘尼の誓い

かくていずれも未来成仏の予告を与えられた摩訶波闍波提《まかはじゃはだい》、耶輸陀羅尼《やしゅだらに》やお伴《とも》の人々は、大いに喜び、感動を胸に申上げるには——

「仏よ、今私たちは未来成仏の予告を与えられて、身も心も安らかに、思いをかなえることが出来ました」と。そしてつづいて、比丘尼一同は「私たちもまた他方の国土でこの法華経をひろく説くでありましょう」と。

④八十万億ナユタの菩薩の誓い

仏は八十万億ナユタの菩薩をただ黙ってじっと見つめておられた。参考のためにナユタ（那由佗)とはアユタ(阿由多)の百倍、アユタとは数十億という。ともかくも数限りない多くの菩薩たちである。ただ黙ってじっと見つめておられた、というのはこの章のはじめにも述べたように仏はすでに第十一章で仏の滅度《めつど》（なくなること）が近い、とこの法華経の付託《ふたく》を宣言されている。いわば、事情はすでに明らかな筈なのである。

この菩薩たちはいずれも成仏することがきまっていて、もはや迷いの世界に戻ることのない人々で、その境地において法を説き、不思議な力を持ついくつもの真言を得ていた。仏に向って起立《きりつ》、合掌して思った。「もし仏がこの経を持《たも》ちひろく説くように命ぜられたならば、仏の教えのままに広くこの法華経をひろく説こうものに」と。さらにまた思うに、「仏はただ黙ってじっとしていらっしゃって何もお命じになろうとなさらない。さて、我々はどうしたものだろうか」と。

だがこの時、菩薩たちは、仏がすでに（前述、第十章の終り）この法華経の付託《ふたく》を宣言されていることに思いをいたし、その仏の意を体し、仏の付託《ふたく》にこたえるべく固《かた》い信念をもってお誓いして言うには――

「仏よ、我ら仏なきあと十方世界のあらゆるところで、多くの人々をして、この法華経を書写し受持し、法華経の真意を説き、教えの如く修行し、法華経の真意をしっかりつかんで見失わないようにさせましょう。それというのもみなこれ仏のお力のなすところです。どうか、み仏よ、たとえ他方の世界にいらっしゃろうとも、どうかお守り下さいますように」と。

⑤八十万億ナユタの菩薩の決意

そこで菩薩たちは異口同音《いくどうおん》に、菩薩たちの決意のほどを披瀝《ひれき》して言った――（勧持品二十行の偈として広く知られるところである）

①どうか御心配はなさらないでください。仏なきあとの悪世の中で、我らは広くこの法華経を説くでありましょう。

②多くの無智の人が、悪口を言い、罵《ののし》り、また刀や杖をふるったとしても、我らはどこまでもこれを忍ぶでありましょう（三類の強敵の第一俗衆増上慢《ぞくしゅうぞうじょうまん》）

③悪世の中の出家者（比丘）は邪《よこしま》な智慧が働き、へつらう心があって、いまださとってもいないのに、さとったと思う高慢な心の持主である。（同、第二道門増上慢《どうもんぞうじょうまん》。いまださとってもいないのにさとったと思う、漢文でいう「未《いま》だ得《え》ざるを得たりと謂《おも》う」とは増上慢の定義である）

④静かなところにあって粗末な衣《ころも》を身につけわれこそは真実の道を実践するものと思って（小乗の徒《と》をさす）人々を軽しめ賤《いやし》めるものもある（同、第三僣聖増上慢《せんしょうぞうじょうまん》）。

⑤財産をむさぼり俗人のために教えを説いて世の人に尊敬されること、あたかも六通《ろくつう》（六つの不思議な力、変現自在、何でも見える、何でも聞える、他人の心がわかる、過去世の生涯がわかる、迷いを断じ尽くす）の羅漢（小乗のさとりを得た人）のようなのもいる。

⑥なかには悪い心の持主で、いつも世俗のことばかり考え、静かなるべきところで争いを起し、

我らのことを悪《あ》しざまにいう。
⑦そして言うには、この多くの比丘たちは、財産をむさぼろうと、仏の道に外《はず》れた事を語りあっている、と。
⑧さらに、自分たちでこの法華経の経典をつくって、世の人を誑《たぶら》かし、世間の評判を得ようと、この法華経を説くのだ、と。
⑨いつも人々のなかにあって、法華経をひろめようとする我らを毀《そし》ろうと思って国王や大臣、バラモンや富豪や、
⑩および多くの出家者（比丘）に向って、我らを謗《そし》って、この人たちは邪《よこし》まな見解をもつ人で、仏の道以外のことを論じあっているという。
⑪我らは仏を敬っているので、このような、もろもろの悪言を耐え忍ぶ。なかには逆に我らを軽しめて、お前たちは仏だ、などというものもある。
⑫こんないい加減な人間の軽はずみなことばは、みなこれを耐え忍ぶでありましょう。みだれた世に汚《けが》された悪い世の中では法華経をひろめようとする者には、いろいろ恐ろしいことがあります。
⑬中でも悪鬼がその人の身に入り、我らを罵《ののし》り、辱《はずか》しめるでありましょう。でも我らは仏を敬い信じていますので、あくまでも耐え忍ぶでありましょう。（我等敬信仏《がとうきょうしんぶつ》、当著忍辱鎧《とうちゃくにんにくがい》）

⑭この法華経を説くためには、こうしたいろいろの難事を耐え忍ぶでありましょう。我らは、この肉体やいのちは惜しみません。ただただ究極の仏のさとりの道を惜《お》しむばかりです（我不愛身《がふあいしん》命《みょう》、但惜無上道《たんじゃくむじょうどう》）

⑮我らいかなる苦難を忍んでも仏に付託《ふたく》されたこの法華経を護持します。仏よ、我らがことばを待つまでもなく我が心を御存知でしょう。濁《にご》れる世の小乗の比丘たちは、

⑯仏がてだてとして相手の性質、能力に応じて説かれる教えだとは知らず、悪口《あっく》をもって我らを罵《ののし》り、顔をしかめ、しばしば我らを排斥《はいせき》、非難して（数々見擯出《さくさくけんひんずい》）

⑰塔寺《とうじ》から追放するでしょう（遠離於塔寺《おんりおとうじ》）。このような人々のもろもろの悪も、仏の付託を思えば、どんなことも皆耐え忍びます。

⑱どんな村や街でも、もし仏の法を求める者があれば、我らはどんなところへ行っても仏の付託のこの法華経を説くでありましょう。

⑲思えば我らはこの法華経を付託された仏の使であります。いずこなりとも、畏《おそ》れるところとてありません。我らは心をこめてこの法華経を説きます。どうか仏よ、心安くいらっしゃいますように。

⑳我らは仏のみ前、十方分身《ふんじん》の諸仏の前で、かくの如くお誓い申します。どうか仏よ、我らの心を知ろしめしたまえ。

十四、法を説くものの四つの心得(安楽行品《あんらくぎょうほん》)

まず冒頭、前章の八十万億ナユタの菩薩の誓いと決意はまことに尊いことであり、真に仏の心を心とすればこその大誓願であると讃めたたえます。そしてこれらの功徳を積んだ菩薩たちに対し、なお行浅き《ぎょうあさ》き我々は、仏なきあとの悪世で、いかにこの法華経を持《たも》ち、読誦《どくじゅ》し、説けばいいのでしょうかと、悪世に法華経を説くものの心得をおたずねいたします。これに対して仏は、身の処し方(身安楽行《しんあんらくぎょう》)言葉づかい(口安楽行《くあんらくぎょう》)、心の持ち方(意安楽行《いあんらくぎょう》)、弘経《ぐきょう》の決意(誓願安楽行《せいがんあんらくぎょう》)の四つの心得(四安楽行《しあんらくぎょう》)をお説きになります。

①身の処し方

まず身の処し方である。その基本的精神は何ごとにも耐え忍ぶということである。瞋《いか》り、罵《のの》しりを受けても、さては打たれてもぐっと耐え、また暑さ、寒さ、風雨や飢《う》え渇《かわ》きなどの自然現象にも耐え、いつもにこやかにやさしく、粗暴な行いなく、心つねに動揺せず、ものの在り方についても偏《かたよ》った見方をせず、存在のありのままの姿をしっかりと把握している。これが最も大切なことである。

そしてこの基本的な精神にもとづく具体的な処し方として、交際の範囲と存在の実相の捉《とら》え方がある。

イ、交際の範囲

交際の範囲として次の十のものに近づいてはならない。

①まず国王や王子、大臣やその従者たちに近づいてはならない。権力者にはとかく媚《こ》び諂《へつら》い、さとりを求める心が損《そこ》なわれるからである。

②いろいろの異教徒、バラモン（ヒンドゥー教の司祭者）、ジャイナ教徒（釈尊当時の六人の異教徒の一人の説）及び世俗の文筆にたずさわるもの、ヴェーダ（インドの古典、ヒンドゥー教の拠りどころ）などの異教の書、唯物論者（釈尊当時の六人の異教徒の二人の説）や世情にさからう教えを説く異教徒たちに近づいてはならない。こうした邪《よこし》まな人や教えに馴染むと、正しい教えを見失う恐れがあるからである。

③闘技者《とうぎしゃ》や俳優などの演ずる、人の目をくらますあやしい術などに近づいてはならない。心が散ることを恐れるからである。

④屠殺者《とさつしゃ》や、猪・羊・鶏・狗《いぬ》などを養い、狩猟や漁捕《すなどり》する殺生《せっしょう》に従う人に近づいてはならない。生きものへの慈《いつく》しみの心を失ってしまう。こうした人が来たならば、その人のために法は説くが、決して懇《ねんご》ろになってはならない。

⑤二乗《にじょう》の四衆《ししゅう》（出家の男女・在家の男女）に近づいてはならない。究極のさとり（大乗）を求める心を見失ってしまうからである。この人たちを訪ねたり、また僧房でも、散歩の途中でも、講経の堂舎の中でも対等の交際《つきあい》をしてはならない。時に彼らがやってきたならば、二乗の人にふさわしい教えを説いて（大乗の法を説くも理解しがたい）求めて親しくしてはならない。

⑥女性に対して法を説く時、欲情を起させるような態度を取ってはならない。また女性を絶えず見ようとしてはならない。幼なかろうが成人していようが、また夫を失った女性であろうが、ともかくも女性と語ってはならない。

⑦男根《だんこん》が用をなさない男（五種の不男《ふなん》）に近づいてはならない。欲の想《おもい》はさとりを求める心を損《そこ》なうからである。

⑧もし事情があって、どうしても他人の家に独りで入らなければならないような時には、一心に仏を念ぜよ。危難を避けるためである。

⑨もし女性のために法を説くような時は、歯を露《あらわ》にして笑ってはならない。また胸の中を明らかにしてはならない。ともかく法のために女性に夢中になるようなことがあってはならない。その他のことは言うに及ばず。そうしたことは他人の忌《い》み嫌《きら》うところであるからである。

⑩年若い弟子や見習の僧や子供など、いわゆる稚児《ちご》（男色の相手となる少年）を養ってはならない。またそれらと師を共にしようとしてもいけない。己《おの》が修行のさまたげとなるからである。

以上が法を求め、法を説くものの交際の範囲である。ともかく常に静かな処で坐禅をして自己の心を修めることに努むべきである。

ロ、存在の実相の捉え方

あらゆる存在の真実の姿は「空《くう》」である。即仮《そっけ》・即空《そっくう》・即中《そくちゅう》、つまり中道《ちゅうどう》の空《くう》なのである。即仮とは、たしかに我々の前には差別《しゃべつ》の姿がある。しかしそれは仮の姿で、すべてのものは相依《あいよ》り相待《あいま》って（縁起《えんぎ》）、あらゆる条件（縁）に支えられて、今仮にかくあるけれども、実はそれ自体（自《じ》性《しょう》）というものはないのである。それ自体としてはない（無《む》自性空《じしょうくう》）のであるが、無いのかと言えば、そうでなくて今ここにかくあるのである。仮《け》と空《くう》とを超えて「中《ちゅう》」としてある、というのが真実の存在のあり方なのである。これがありのままの姿（如実相《にょじっそう》）である。常《じょう》・楽《らく》・我《が》・浄《じょう》とこの存在を見る凡夫《ぼんぶ》の見解を離れ、空《くう》にも、仮《け》にもとらわれない。存在の究極の姿は捉えるべくもないのである（不可得空《ふかとくくう》）。

見るもの（主観）と、見られるもの（客観）との間に見るという働き（認識）が成立つのだが、存在の究極の相は、その見るもの、見られるものの関係（表現）をこえて厳然としてある。もはやそこでは生ずることも、出ずることもなく、名もなく、また姿（相）もない。実に捉《とら》えるべき何ものもない（無所有《むしょうう》）のである。そしてそれは宇宙に遍満し（無量無辺《むりょうむへん》）、あらゆる処に行きわたって、何の滞りもなく（無礙《むげ》）、何の遮《さえぎ》るものもない（無障《むしょう》）のである。

さきにも言うように、存在はあらゆる条件（縁）に支えられて仮にあるのである。にもかかわらず、凡夫は実体がある如く捉われているに過ぎない。

以上のように存在の実相を捉えることが大切である。以下「偈《げ》」をもって重説される。

②言葉づかい

仏なきあと、末法《まっぽう》の世にこの法華経を説くものは「言葉づかい」について次のように心得ねばならない。

まず法を説き、経を読む時、決して人や経典の欠点や過ちを非難するようなことがあってはならない。次に他の経典を説く法師を軽んじあなどってはならない。三つ目には他人の好き嫌い、長所短所を言ってはならない。また声聞《しょうもん》の人について、その名をあげて欠点を言ったり、讃めたりしてはならない。

第四に他人を怨《うら》んだり嫌ったりしてはならない。例えば小乗の人が大乗を妨げると思うのは怨みであり、小乗の教えは劣っていると思うのは嫌う心である。小乗の人でも一念発起《いちねんほっき》すれば大乗に向うであろう。だから怨み、嫌う心は慎めというのである。

以上のような心がけを持っていれば、聴く人は素直に聴いて逆《さから》うようなことはない。ただ難しい問いを投げかけてくれば、小乗の教えではなく大乗《だいじょう》の教えをもって解説し、その大乗の教えによって仏の智慧にみちびかねばならぬ。以下「偈」をもって重説される。

③心の持ち方

イ、四つの戒しめ

末世の正しい教えが滅せんとする時、この法華経を持《たも》ち読誦《どくじゅ》しようとする者は、次の四つの戒めを守らねばならない。

①嫉妬《しっと》、諂《へつら》い誑《あざむ》く心を持ってはならない。嫉妬は慈悲の心に違《たが》う故に他人の指導（化他《けた》）の道を妨げ、諂《へつら》い誑《あざむ》く心はおろかさ（愚痴《ぐち》）の故に智慧に違い、自己の修行（自利《じり》）の妨げとなるからである。

②法華経以外の諸経典を学ぶものを、みだりに軽しめ罵《ののし》ったり、その長所欠点を指摘したりしてはならない。

③四衆《ししゅう》（出家の男女、存家の男女）の声聞《しょうもん》・縁覚《えんがく》・菩薩《ぼさつ》の三乗《さんじょう》の道を学ぶ者に、三乗の教えを貶《いやし》め、これらの人を悩ませ、この人らに向って「お前たち三乗の道を学ぶものは究極のさとりへの道は、はなはだ遠い。所詮《しょせん》仏の智慧を得ることはあるまい。というのはあなたたちは道に外《はず》れており、怠けものだからである」などと言ってはならない。というのは三乗の道を学ぶものを励しこそすれ、こうした言葉はただ悩まし混乱させるばかりである。

④教えについて、無駄な議論をして競いあうようなことをしてはならない。何の益もないことだからである。

ロ、仏の心を心として

すべての人々に大いなる慈しみの心を持ち、すべての仏を慈父《じふ》の如く慕い、すべての求道者《ぐどうしゃ》を師と思い、まごころこめて敬い礼拝《らいはい》すべきである。すべての人々に過不足なく平等に教えを説くべきである。教えに対する愛情とはいえ、特定の人に多く説くということがあってはならない。

このような心で法を説けば人を悩まし混乱させるようなことはない。仲間の人々と共にこの法華経を読誦することが出来、また多くの人々が喜んで教えを聴くために集り、よく聴いてよく持《たも》ち、よく誦《じゅ》し、よく説き、よく書き、他人にも書かせ、この法華経を供養し、尊び、讃め称えるであろう。以下「偈」をもって重説される。

④弘経の決意

末世の法滅せんとする時、この法華経を持つものは、在家の人であれ出家の人であれ、すべての人に対し、大いなる慈《いつく》しみの心を起し、求道心《ぐどうしん》のない人に対しても大いなる慈《いつく》しみの心を持って次のように考えるべきである——

「この人たちは仏がてだてをもって小乗の教えを説かれ、やがて大乗の道に入らしめられるということを知らない。この人たちは小乗の教えを聞かず知らず覚《さと》らず、まして大乗の教えについては問わず、信ぜず、理解しようとさえしない愍《あわれ》むべき人々である。この人たちはこの法華経について問わず、信ぜず、理解しようとさえしないけれども、我々は究極のさとりを得たならば、誰が何処にいようとも、仏の不思議な力、仏の智慧の働きをもって、この人たちを入信させ、信仰させ、理解させて、究極のさとりにみちびき入れるであろう」と。

⑤王の髻《もとどり》の中の珠《たま》

ここで法華七喩の第六「王の髻の中の珠」のたとえ（髻中明珠《けいちゅうみょうじゅ》の譬《たとえ》）が説かれる。法華経の功徳のいかに大きいかを説くものである。

例えば、強力な七宝を具えて天下を統領する大王が武力をもって天下を征服しようとした時、なかに小国の王の順《したが》わないものがあった。その時、大王は軍隊をもってこれを討伐した。大王は戦功のあった兵士たちを見て大いに喜び、その戦功に随っていろいろの賞を与えた。あるものには田畑や邸宅、村や城、またあるものには衣服や装身具、またあるものには金・銀・瑠璃《るり》・硨磲《しゃこ》・瑪瑙《めのう》・珊瑚《さんご》・琥珀《こはく》などの宝石類、さらにまたあるものには象や馬の乗物、奴婢《しもべ》や人民《じんみん》などを与えたが、ただ王の髻の中の珠だけは与えなかった。というのは、この王の髻の中の珠を与えたならば、王の親族や従者たちが、きっと驚き怪しむにちがいないからである。

仏もまた同じである。仏は禅定《ぜんじょう》、智慧の力をもって法の世界ではこの世の王である。ところが魔王の順わないものがあったので、仏の家来の将軍たちがこれと戦った。その時、功のあったものを見て仏は喜び、多くの人のために法を説いて悦ばせ、その賞としていろいろの教えの宝を与え、小乗のさとりを与えられ、一同はさとりを得たと思って大いに喜んだ。しかしその人たちの為に法華経は説かれなかった。

ところが今、仏は七宝を具えた彼の大王が、兵のなかで大きな戦功のあったものに大変喜んで、決して人には与えない王の髻の中の珠を与えるように、仏はこの法華経を今説くのである。

法の世界でこの世の大王である仏は、仏の家来の将軍たちが魔王と戦って抜群の戦功をたて、むさぼり（貪《とん》）、いかり（瞋《じん》）、おろかさ（愚痴《ぐち》）の三毒を滅し、魔王を打ち破るのを見て大いに喜び、世の人々をして仏の智慧を得させ、この経を説くことによってかえって世の怨《あだ》を受けること多く、たやすく信じることは難しい（一切世間多怨難信《いっさいせけんたおんなんしん》）けれども四十余年今まで説かなかったこの法華経を今説くのである。

この法華経は仏の最高の教えであり、あらゆる仏の教えのなかで最も深遠なものである。この法華経を四十余年のあと、最後にこれを説くのは、かの七宝を具した大王が、決して人に与えなかった髻《もとどり》の中の珠《たま》を与えるにも等しい。この法華経はすべての仏が永らく大切にしていた秘伝の教えの蔵《くら》である。すべての教えのなかで最高のものである。もろもろの仏が永らく大切に蔵《しま》っていて、容易にお説きにならなかったのを、今お前たちのために始めて説くのである。

以下「偈」をもって重説される。その中でこの四つの心得を守って法を説くものには、天のもろもろの童子は身近かに仕えるであろう。また刀や杖をもって害することも出来ず、また毒をもって害することも出来ない（天諸童子以為給使《てんしょどうじいいきゅうじ》、刀杖不加毒不能害《とうじょうふかどくふのうがい》）という一節がある。

十五、菩薩、大地より湧出す(従地涌出品《じゅうちゆじゅっぽん》)

法華経はいよいよ後半の本門《ほんもん》に入る。本門も序分《じょぶん》・正宗分《しょうしゅうぶん》・流通分《るづうぶん》に分れるが、この第十五章の前半が序分で、後半から次の第十六章と第十七章の前半三分の一のところまでが正宗分で、第十七章の後半三分の二以下、第二十八章、法華経の終りまでが流通分である。

①他土の菩薩弘経を請う、仏許さず

この時、他土《たど》の世界から集ってきた菩薩たちは、この法華経を弘《ひろ》める功徳の大きいことを聞き、起立《きりつ》・合掌《がっしょう》・礼拝《らいはい》して仏に申しあげるには――

「我々は仏なきあと、この娑婆世界において努力してこの法華経を持《たも》ち、読誦《どくじゅ》し、書写《しょしゃ》し、供養《くよう》せんことをお許しくださるならば、この娑婆世界で広くこの法華経を説かせていただきます」と。

仏はこれに対して「待ちなさい、お前たち。お前たちがこの法華経をこの娑婆世界で説くには及ばない。お前たちには他土の世界での任務があり、この娑婆世界には縁が薄い。それよりも何よりも、この娑婆世界には六万のガンジス河の砂ほどの数の菩薩があり、その一人一人の菩薩がまた六万のガンジス河の砂ほどの従者をつれている。この人たちが、私なきあと、この娑婆世界においてこの法華経を持ち、読誦し、広く説くであろう」と。

②菩薩の湧出

仏がそうお説きになった時、この娑婆世界の三千大千の国土の大地が裂け、その中からはかり知れぬ（無量千万億）多くの菩薩たちが同時に湧き出て（湧出《ゆじゅつ》）こられた。この数多くの菩薩たちは、その身は金色《こんじき》で、三十二相（仏の特相）を具え、無量の光明を放っておられた。この娑婆世界の下の虚空《こくう》にいらっしゃった。この菩薩たちは、さきの仏の説法の声を聞いて、この下方の虚空からやってこられたのである。その一一の菩薩たちは、法を説いて多くの人々をみちびくリーダーであって、それぞれ六万のガンジス河の砂ほどの従者をつれておられた。さらに五万・四万・三万・二万・一万、はては一乃至《ないし》半分、四分の一・千万億ナユタ分の一のガンジス河の砂ほどの従者をつれた菩薩たち。さらには千万億・万億・千万・百万・一万・一千・一百乃至《ないし》十・五・四・三・二・一の弟子をつれた菩薩たち。また単独で修行している菩薩など、それはそれはいろいろあって、とても算《かぞ》えることも、譬《たと》えることも出来ない程の数であった。

③地涌の菩薩、仏を讃歎す

この多くの菩薩たちは、地より湧出《ゆじゅつ》しおわって、虚空《こくう》の七宝《しっぽう》の妙塔《みょうとう》にいます多宝如来、釈迦如来のみもとにいたり、二仏に対して礼拝し、さらに宝樹のもとに座しておられる十方分身《ふんじん》の諸仏のもとで恭しく礼拝し、仏の徳を讃歎したてまつった。その間、五十小劫の時がたったが、釈迦如来を始め、そこに集ったすべての人たちはただ黙ってじっとしておられた。その間、五十小劫という時がたったというのに、仏の不思議な力によって、一同、半日ほどに思えた。

④四大菩薩、仏にごあいさつ

この大地より湧出された、はかり知れぬ多くの菩薩たちは、はかり知れぬ（無量百千万億）国土の虚空《こくう》に満ち満ちておられた。この大地から湧出《ゆじゅつ》された数多くの菩薩には四人の指導者があった。その名を上行《じょうぎょう》菩薩、無辺行《むへんぎょう》菩薩、浄行《じょうぎょう》菩薩、安立行《あんりゅうぎょう》菩薩といった。

この四大菩薩は一同を代表して釈迦如来に向って、ごあいさつ申上げた——

「み仏よ、やすらかに身心ともにおすこやかでいらっしゃいますか。仏のおみちびきになる人々は素直にみ教えを聞いておりましょうか。お疲れになるようなことはございませんでしょうか」と。

これに答えて、仏がおっしゃるには——

「その通りだ。その通りだ。仏はやすらかに身心ともにすこやかである。教えみちびく人々も、素直に仏の教えを聞き、疲れるようなことはない。というのは、この人たちは性質も能力もすぐれ、かねてから私の教えを聞き、また過去のもろもろの仏たちを供養し、尊敬し、多くの善き果報《むくい》を受ける善因《ぜんいん》を身につけてきた。この人たちは華厳経の説法以来、私の説くところを聞いて、今は仏の智慧を持つにいたった。性質・能力劣り、小乗の教えを学ぶものは別である。でも、この人たちも今はこの法華経を聞いて、やがて仏の智慧を持つよう、みちびくであろう」と。

四大菩薩をはじめとする地湧《じゆ》の菩薩たちはその喜びをこう申しあげた——

「すばらしいことです。すばらしいことです。多くの人たちは素直にみ仏の教えを聞き、仏の深遠な智慧についてたずね、聞きおわって信じ理解しました。我らこれほどの喜びはございません」と。

仏はこれに答え、四大菩薩を讃《ほ》めておっしゃるには——

「すばらしいことだ。すばらしいことだ。お前たちは仏を慕い、心からの喜びの心をおこした」と。

⑤弥勒菩薩ら疑いをいだく

その時、弥勒菩薩をはじめ、この世で釈尊の弟子となった数多くの菩薩たちはこう思った——

「私たちは今まで、こんなに立派な菩薩たちが大地より湧出して仏のみ前に合掌し供養し、仏にごあいさつなさるようなことは嘗《かつ》てありませんでした」と。

そこで弥勒菩薩は多くの菩薩たちの気持を代表し、この疑いを晴らそうと仏におたずねしました——

「今ここに大地より湧出された数知れぬ多くの菩薩たちに、私たちは昔から一度もお目にかかったことがございません。どうかお二方の仏よ、この菩薩たちはどこから来られたのでしょうか、どんな因縁《いんねん》があってここに来られたのでしょうか、どうかお話ください。仏の不思議な力とすぐれた仏の智慧を持ち、志《こころざし》堅固《けんご》ですべてのことに耐え忍ばれる姿は多くの人たちの仰ぎ見るところ、いずこから来られたのでしょうか。

この菩薩たちの従者の数ははかり知れず、或は六万、或は五万・四万・三万・二万・一万、或はまたガンジス河の砂の数、その半分、三分の一・四分の一、乃至《ないし》億万分の一、そうかと思うと千万億ナユタの万億の弟子・半億・百万・一万・一千・百・五十・十、さては三・二・一の従者をつれておられる。なかには単独で従者のいらっしゃらない方と、それはそれはとてもガンジス河の砂の数ほどの劫《こう》（時間の単位）をかけても数え切れるものではありません。

この大威徳《いとく》あり努力精進《しょうじん》して修行された菩薩を、どなたが法を説き、教えみちびかれたのでしょうか。どなたについて発心《ほっしん》し、どの仏の教えを信奉し、どの仏のお経を持《たも》ち修行され、どの仏の道を実践されたのでありましょうか。

仏の不思議な力と智慧を持たれるこのように多くの菩薩が大地が裂け湧出されました。仏よ、我々はかつてこのようなことは見たこともございません。どうか何処の国土から来られたのかお教えください。我々はいろいろの国を遍歴いたしましたが、未だかつてお会いしたことのない方々ばかり、そのお一人をも存知あげておりません。突然大地から湧出されました。どうかその因縁をお説きください。」

⑥他土の諸仏の疑い

この時、他方の国土から来られた釈尊の身をわかたれた多くの仏たちは宝樹のもとに正座なさっていた。その仏の従者たちは、四大菩薩を始めとする多くの菩薩たちが大地より湧出されて、虚空に位置されたのを見て、それぞれの仏に申しあげた。「仏よ、このはかり知れぬ多くの菩薩たちは、どこから来られたのですか」と。それを聞いて仏たちは、それぞれの従者におっしゃった。「みんな、暫く待ちなさい。釈迦牟尼仏から未来成仏の予告を与えられている弥勒菩薩が、すでにその事をおたずねしています。今、仏がお答えになります。静かにお聞きなさい」と。

⑦釈迦牟尼仏、答えたもう

イ、未曽有《みぞう》の法、今まさに説かん

ここからいよいよ本門の正宗分《しょうしゅうぶん》に入る。

その時、釈迦牟尼仏は弥勒菩薩におっしゃった――

「すばらしいことだ。すばらしいことだ。弥勒菩薩よ。よく仏にこのような大事をたずねた。お前たち、心をこめて努力し、堅固《けんご》な心を起せ。仏は今、仏の智慧、仏の不思議な力、外道《げどう》や二乗《にじょう》を畏伏《いふく》せしめる力、大いなる勇猛《ゆうみょう》の心を起して、お前たちが今まで聞いたことのない教えを今説くであろう。お前たち、一心に聴け」と。

ロ、略して久遠《くおん》の本地《ほんじ》を明す

いよいよ正宗分《しょうしゅうぶん》のなかの正説《しょうせつ》を説く。

そして仏は弥勒菩薩に告げて言われるには、「我れ、今この大地より湧出《ゆじゅつ》せる大菩薩衆について宣言する。弥勒菩薩よ、お前たちが一度もお目にかかったことのないというこの数限りない大地より湧出せる大菩薩たちは、この私がこの娑婆世界でさとりを開いたのち教えみちびき、その心を整え、さとりを求める心を起させたのだ。この多くの菩薩たちは、この娑婆世界の下の虚空《こくう》に止《とど》まっておられたのだ。あらゆる経典を読誦《どくじゅ》し、理解し、よく考えて心に正しく持《たも》ち忘れない。弥勒菩薩よ、この大菩薩衆は人々のなかで多く説くことを好まず、いつも静かな処を好み、努力精進して片時も休まない。いつも仏の深遠な智慧を願い求め、妨げるものとてない。いつも仏の教えを請《こ》い求め、懸命に努力して、仏の最上の智慧を求めているのだ」と。

仏はくりかえし「偈」をもって重説し、「私が遥かに遠い昔から、この大地より湧出した大菩薩たちを教えみちびいて来たのだ」と結ばれる。

⑧弥勒菩薩、かさねて疑いをあぐ

この時、弥勒菩薩を始めとする多くの菩薩たちは、このようなことは嘗《かつ》てなかったことだと疑いの心をもってこう思った「どうして仏は、このわずかの間に、こんなにも多くの大菩薩たちを教えみちびかれたのであろうか」と。

そこで仏におたずねするには――

「仏よ、仏が太子であった時、釈迦族の城を出て、伽耶城《がやじょう》を去ること程遠くない菩提樹のもと、道場に坐して無上のさとりを得られました。それから四十余年、どうしてこの僅かの間にこのように数限りない大菩薩たちを教えみちびかれたのですか。仏の偉大なお力をもってでしょうか。仏の大いなる功徳をもってでしょうか。このような数限りない大菩薩たちを教えみちびき、無上のさとりを得させられたのでしょうか。このおびただしい大菩薩たちの数は、たとえどんな人が、どんなに長くかかっても数えきれるものではありません。これらの大菩薩たちは、それはそれは遠い昔から、これまた数多くの仏たちのもとで、善報《ぜんぽう》を得る善因《ぜんいん》の行を修し、菩薩の道を完成し、常に清浄《しょうじょう》の行を実践してこられた、と。仏よ、私たちは、とてもそんなことは信じられません。

たとえば、髪は黒々と血色のいい二十五歳になる人が、百歳の人をさして『これは私の子供です』と言い、またその百歳の人が、二十五歳の青年をさして『これは私の父です。私を生《お》い育ててくれました』と言うようなものです。そんなことはとても信じられないように、仏のこともまた同じです。仏がおさとりをお開きになってまだ日は浅い。ところがこの大菩薩たちは、すでにはかり知れぬ長い歳月、仏の道に努め励み、あらゆる禅定《ぜんじょう》（精神統一・坐禅）を完成し、仏の不思議な力を得、清浄《しょうじょう》な行を修し、順次もろもろの仏の教えを実践し、問答にもすぐれ、人々の宝となられたということ、まことに類《たぐい》まれな、貴重な存在であります。さきほど仏は、無上のさとりを得られたのち、この数限りない大菩薩たちを教えみちびき、無上のさとりに向わせた、とおっしゃいました。仏はさとりを得られてからわずか四十余年、その間にこの数限りない大菩薩を教えみちびかれました。私たちは、仏が時の宜《よろ》しきに従って説かれるところ、仏のみ言葉は嘗《かつ》てウソ・イツワリはないと信じ、仏は存在の真実の姿を知りつくしておられることも、よく存じてはいますけれど、だけど仏なきあとの初心の菩薩が、もしこの言葉を聞いて疑いを持ち、信じ持《たも》つことが出来なかったならば、深い罪をつくる原因となるでありましょう。そこで、どうかみ仏よ、その事情を詳しくお説きくださって、私たちの疑いを晴らしてください。それはまた今後生れてくる多くの人たちも、その仏のみ言葉を聞けば、必ず疑いをいだくようなことはないでありましょう」と。

以下、偈をもって重説される。そのなかに「世間の法に染まざること蓮華の水に在るが如し（不《ふ》染世間法《ぜんせけんぽう》・如蓮華在水《にょれんげざいすい》）」、「もし此の経に於て疑を生じて信ぜざる者あらば、即ち当《まさ》に悪道に墜《お》つべし（若有《にゃくう》於《お》此経《しきょう》・生疑《しょうぎ》不《ふ》信者《しんじゃ》・即当《そくとう》堕《だ》悪道《あくどう》）」という有名な一節がある。

十六、永遠の仏のいのち（如来寿量品《にょらいじゅりょうほん》）

法華経、本門正宗分《しょうしゅうぶん》のなかでも、最も肝要な一章です。前章ではかり知れぬ数多くの大菩薩たちが、これまたはかり知れぬ数多くの従者たちをつれて、大地より湧出《ゆじゅつ》されました。この様子を見た弥勒菩薩は一同を代表して「この大菩薩たちは何処から来られたのですか、どういう因縁があってここに来られたのですか」とお尋ねしたのに対し、最終的に「私が遙かに遠い昔からこの大地より湧出した大菩薩たちを教えみちびいてきたのだ」と仏はお答えになりますが、弥勒菩薩たちは、「仏がさとりをひらかれて四十余年、その間にこんなにも多くの大菩薩たちを教えみちびかれたとは信じられません」とさらに疑いを投げかけます。これに対して仏が、四十余年前にさとりを開いたのは、私の仮の姿である。実は永遠の昔にさとりを開き、以来この娑婆世界で片時の休みもなく法を説いているのだと、仏の本姿（本地《ほんじ》）を表わされるのがこの章です。

四十余年の仮の姿を打ち破ってその本当の姿を示されるので、これを開近顕遠《かいごんけんのん》（近きを開いて遠きを顕《あらわ》す）、開迹顕本《かいしゃくけんぽん》（迹《しゃく》を開いて本《ほん》を顕《あらわ》す）と言います。そしてここに久遠《くおん》の本仏《ほんぶつ》（永遠に我らをみちびき給う本当の姿の仏）が開顕《かいけん》（開き顕す）されるのです。

ですから中国の隋の時代（聖徳太子のころ）の嘉祥大師《かじょうだいし》吉蔵《きちぞう》（六二三寂七十五歳）は、その法華義《ぎ》疏《しょ》に――

「この一章は仏のさとりを明し、時をこえた仏の慈悲を説かれている。文章は簡潔だがその意味はまことに深い。これは法華経の一章だが、釈迦一仏の古今を通じてのおみちびきの終始を明かにされたものである。もしその趣きをよく理解すれば、尽きない智慧が生じ、かぎりない幸せをいただくことができる」と述べています。

①四たび誡め、四たび請う

仏はまず多くの菩薩や一同の人たちに、仏のまこと（誠諦《じょうたい》）の言葉を信じ、理解（信解《しんげ》）せよ、と三たびくりかえし誡《いまし》められます（三誡《さんかい》）。「誠諦」の誠《じょう》とは仏の心のまことなること、諦《たい》とは仏の寿命無量《じゅみょうむりょう》の事実なることをいう。「信解」の信《しん》とは初心の行者には勧《すす》めて信ぜしめ、解《げ》とはすでに行を積んだものには理解させる、の意。

仏が三たび誡められたのについで、弥勒菩薩を始めとする一同の人々は、どうかお説きください、我々は仏の言葉を素直に信じ持ちます、と三たびお説教をお願します（三請《さんしょう》）。そしてつづいて弥勒菩薩を始めとする一同の人々は、さらにもう一度くりかえして、どうぞお説きください、仏の言葉を信じ持《たも》ちます、と（重請《じゅうせい》）。そこで仏は、多くの菩薩たちが四たびお願してなお止《や》めないのを知って、お前たち、しっかり聴きなさいと重ねて誡められます。以上四誡四請《しかいししょう》となるわけです。法華経の迹門《しゃくもん》の中心の第二章では三請《さんしょう》三誡《さんかい》がありましたが、これから告げられる事柄の重大さを予想するように四誡四請されるのです。

②如来の秘密神通の力

四たび請い（説法をお願いする）、四たび誡《いまし》められ、最後は「しっかり聴きなさい」（諦《あきら》かに聴《き》け）とおっしゃったあと、何を聴けとおっしゃったのかというと「如来の秘密神通《ひみつじんづう》の力を」よく聴け、ということであります。この第十六章全体を包む、誠に意義深いことばなので、詳しくその意味をお話してみようと思います。

まず如来という言葉ですが「如実《にょじつ》に来至《らいし》せし者、如実より到来せし者」といわれます。如実とは真実とも言い、究極の真理をさします。だからその究極の真理に至ったものであり、またその究極の真理からやってきたもの、との意ですが、その究極の真理からやってきたとは、我々の迷いの世界に来り、迷える人々を救うということを意味しています。

つぎに仏には三つの性格があります。いや、三つの立場から捉えた仏の姿と言った方がいいでしょう。それを三身《さんじん》といいます。まず応身《おうじん》といいます。これはこの世に姿を現し、現実に我々を救ってくださる仏さまをいいます。つぎに報身《ほうしん》といいます。これはその仏さまのお心にある智慧と徳をさします。三つの目には法身《ほっしん》です。これは仏さまが本来お持ちになっている真理をさします。

さてこの三つは、仏さまを三つの立場から見て名づけたものですが、仏さまはその三つの性格を兼ね備《そな》えていらっしゃいます。だからこの仏さまの一身《いっしん》に三身《さんじん》を持っていらっしゃることを「秘《ひ》」、しかしその三身は仏の一身にほかならない、つまり三身即ち一身であることを「密《みっ》」というのです。そして法身の理を「神」、報身《ほうしん》の智慧を「通《つう》」、我々の前に姿を現し、現実にこの私たちを救ってくださるお働きを「力《りき》」というのです。

以下つづく第十六章の内容は、この如来《にょらい》の秘密神通の力を広く展開していくことになるのです。

③永遠の仏陀の宣言

さて、もう一度前章にかえってみましょう。弥勒菩薩の疑問の要点は「仏はさとりを開かれて四十余年、その間にこのはかり知れぬ数限りない大菩薩たちを教えみちびかれたとは到底信じ難い」ということでした。

そこで仏は申されます――

「世の菩薩たち（菩薩に天人阿修羅を摂す）は、今ここにあるこの釈迦牟尼仏は、釈迦族の城を出て、伽耶城《がやじょう》（インドの地名、ガヤ）から程遠くない菩提樹のもと、道場に坐して無上のさとりを得た、と思っているであろうが、だがお前たち、私が仏になってからこのかた実にはかり知れない時（無量無辺百千万億ナユタ劫《こう》）がたっているのだ」と。（この一節、迹《しゃく》を破《は》して本《もと》を顕《あらわ》すという）くりかえし申してまいりました、永遠の仏陀のまさにその宣言文であります。

④その永《なが》きこと、譬《たとえ》をもって説く

今「はかり知れない時」といった。それを譬をもって説明しよう。

たとえば、五百千万億ナユタ（百万億）阿僧祇《あそぎ》（無数）の三千大千世界を、もし人が磨《す》りつぶして微塵《みじん》とし、東方、五百千万億ナユタ阿僧祇《あそぎ》の国を過ぎて、その微塵《みじん》の一つを落し、また五百千万億ナユタ阿僧祇《あそぎ》の国を過ぎてその微塵《みじん》の一つを落し、そんな風に東方に向って進んで行ったとしよう。そうしてこの微塵が尽きるまで、一体どれ位の数になるか、考えたり、計算したり出来るだろうか、と。

まず「五百千万億」というだけでも、とてつもない大きな数である。その上「ナユタ」つまり百万億、そして「阿僧祇」とは無数という意。それだけの数の三千大千世界だが、千個合せた世界を小千世界、それを千個合せたのが中千世界、さらにそれを千個合せたのが三千大千世界である。もはや極限といってもいい大変な数の世界である。それを「微塵《みじん》」にするというのである。

牛の毛の先を七分すると羊毛、羊毛のさきを七分すると兎毛、兎毛を七分すると陽塵《ようじん》(日のかげに見える塵)、陽塵を七分すると水塵、水塵を七分すると金塵、金塵を七分したのが「微塵」であるという。これまた極限のように小さな塵《ちり》である。極限のように大きな数の三千大千世界を磨りつぶして、極限のような小さな塵にするというのである。しかも、その微塵を五百千万億ナユタ阿僧祇の国を過ぎて一つ落し、かくてこの微塵のなくなるまでというのだから、聞いている我々の気の遠くなるような数である。

そこで弥勒菩薩らは仏にお答えして申すには――

「その世界ははかり知れず、計算することも、心で推し測ることも出来ません。あらゆる声聞《しょうもん》や縁覚《えんがく》が煩悩《ぼんのう》を離れた清浄《しょうじょう》の智をもってしても到底その数を推し測ることはできません。また成仏の証を得た我々さえも、また同じです。ともかくその世界は、はかり知れぬものであります」と。

仏はさらに言葉をついで――

「このはかり知れぬ世界の中で、微塵をおいたところと、おかなかったところを、ことごとく磨りつぶして塵とし、その塵一つを一劫《いっこう》(時間の単位、人寿八万四千の時より、百年ごとに寿一歳を減じ人寿十歳にいたり、さらに百年ごとに寿一歳を増し人寿八万四千にいたる一増一減を一小劫といい、二十小劫を一中劫、四中劫を一大劫という)としよう。私が成仏してからは、それを過ぎること百千万億ナユタ阿僧祇劫である」と。

(第七章の大通智勝仏の三千塵点劫《じんてんごう》に対し、五百億塵点劫という)

⑤衆生《しゅうじょう》の教化《きょうけ》、時宜《じぎ》に適《かな》う

仏の成仏は、譬《たとえ》をもってくりかえし述べられてきたように、それはそれは遙かな昔であった。それからこのかた、仏はつねにこの我々の住む娑婆世界に在って説法教化《せっぽうきょうけ》し、また百千万億ナユタ阿僧祇というはかり知れぬ多くの国土においても人々を教えみちびいてこられた。(これを迹《しゃく》を廃《はい》して本《もと》を顕《あらわ》す、という）「つねに」とあります。平安末期、後白河法皇の編集になる「梁塵秘抄《りょうじんひしょう》」に「仏はつねにいませども　うつつならぬぞあわれなる　人の音せぬあかつきに　ほのかに夢に見えたもう」という有名な歌があります。ここに仏の大いなる慈悲をしみじみ味うのであります。

しかし仏は久遠《くおん》の昔の成仏から、今法華経をお説きになっているこの時までの間、或は過去世に出現して、釈迦菩薩に未来成仏の予告を与えたという燃燈仏《ねんとうぶつ》に遇《あ》い奉って修行した等のことを説き、またその間に涅槃《ねはん》（仏のなくなられること）に入ったと言うのは、これみな、仏がさとりを開いて後の人々をみちびくためのてだてであった（迹《しゃく》を会《え》して本《もと》を顕《あらわ》す、という）。

もし人々が縁あって私の所にやってきて救いを求めるものがあれば（「感《かん》」）、人々は究極的に仏になるという心（仏眼《ぶつげん》）をもって、五根（信《しん》、勤《ごん》、念《ねん》、定《じょう》、慧《え》）の仏道の果報《かほう》を得るか（利《り》）、人天の善報を得るか（鈍《どん》）を見きわめ、救済すべき道にしたがって救済しよう（「応《おう》」）。

また人々をその性質、能力に応じて、過去世のいたるところで、さまざまの名をもって世に出現し、この世に住すること長短さまざまであり、涅槃《ねはん》をもって救済できるものには、涅槃《ねはん》に入るといった。かくいろいろのてだてをつくし、究極の教えを説いてみちびき、人々を心からの歓喜《かんぎ》に浸らしめた。（迹《しゃく》に住《じゅう》して本《もと》を顕《あらわ》す、という）

⑥生《しょう》に非ずして、生を現ず

仏はこの世で人天《にんでん》、二乗《にじょう》、蔵《ぞう》、通《つう》、別《べつ》の三教（四教のうち円教《えんぎょう》を除く）を求める大乗《だいじょう》の縁薄く煩《ぼん》悩《のう》の垢《あか》多いものを見ては、その人たちのために、私は若くして釈迦族《しゃかぞく》の城を出で苦行のすえに無上のさとりを得たという。だが、さきにもいうように私は久遠《くおん》の昔に成仏《じょうぶつ》し、今始めて生《しょう》じたのではない。ただ大乗の縁薄く煩悩の垢多き人々をして仏道に入らしめんてだてとしてかくは説くのである（迹《しゃく》を開いて本《もと》を顕《あらわ》す、という）。

仏が説くところの経典は、ただ人々の苦しみを救うがためである。ある時は自己本来の姿を説き、ある時は仏の身を分たれた諸仏（化仏《けぶつ》）を説き、またある時は自己本来の姿を示し、ある時は仏の身を分たれた諸仏を示し、ある時は過去の業《ごう》によってうけた心身（己事《こじ》）を示し、ある時は、その心身の拠《よ》るべき国土（他事《たじ》）を示す（六惑示現《ろくわくじげん》という）。

かく仏の説くところ、いずれも人々を救済する真実の言葉であって虚偽は毛頭ない。

というのは、仏は存在を見るのに、有《う》、空《くう》の二つの偏った見方を離れた中道《ちゅうどう》（中正《ちゅうせい》の道）の立場に立って見るから、この世（三界《さんがい》）の姿をありのままにみて本来常住《じょうじゅう》（生滅変化《しょうめつへんか》なし）と見、そこにはもはや煩悩を起すも、起さぬもない、そうした迷いを離れたもうているのである。この世の迷いの因である存在に執着（仮《け》）することもなく、また小乗のさとりのように空《くう》にとらわれることもない。

小乗のとらわれた空を実ともせず、この迷いを虚妄とすることもなく（非実非虚《ひじつひこ》）、小乗の説く平等でもなく、凡夫の執われる差別でもなく（非如非異《ひにょひい》）、この世（三界《さんがい》）の人が有や空に執われて見る見方を離れ、中道の立場に立って見(不如三界見於三界《ふにょさんがいけんのうさんがい》)、以上のように仏の見るところ真実を見透して寸分の誤りもない（如斯之事如来明見無有錯謬《にょししじにょらいみょうけんむうしゃくみょう》）（迹《しゃく》に非ず本《もと》に非ざるに住《じゅう》して本《もと》を顕《あらわ》す、という）。

だが、仏は人々にそれぞれの性質があり、願うところ同じからず、過去世の行為に差あり、そしてそれぞれの智慧また不同であるからこそ、いずれにもそれぞれに応じた善き果報《むくい》を受くべき善因をなさせようと、種々の因縁や譬喩をもって種々に説法し、久遠《くおん》の昔に成仏して以来、未来《みらい》際《さい》にいたるまで、無数の法門をもってみな仏道に入らしむるのである。（迹《しゃく》を覆《おお》うて本《もと》を顕《あらわ》す、という）

⑦滅《めつ》に非《あら》ずして滅《めつ》を現ず

このように私が成仏してからこのかたはかり知れぬ長い歳月が流れた。また仏の寿命《いのち》もはかり知れず（無量阿僧祇劫《むりょうあそぎこう》）、仏は常にいまして（未来常住《みらいじょうじゅう》）未来際にいたるまで人々を教えみちびき仏道に入らしめる（本《もと》に住《じゅう》して本《もと》を顕《あらわ》す、という）。

私は本《もと》、最高の菩薩の道である慈《じ》・悲《ひ》・喜《き》・捨《しゃ》の四無量心《しむりょうしん》を行じ（因行《いんぎょう》・本因《ほんいん》）その結果得たところの寿命（果徳《かとく》、本果《ほんが》）すら今猶《な》お尽きず、その果徳のなかからさらにまた因行《いんぎょう》である慈・悲・喜・捨の菩薩道を行じ、三世にわたって常住で活動をつづけている。その得たところの寿命は、さきに言った五百億塵点劫《じんでんごう》に倍するものである。

仏は常住にして滅度（おなくなりになること）したもうものではないけれども、人々を教えみちびくてだてとして、この世に住すること八十歳、沙羅双樹《さらそうじゅ》のもとで滅度すべしと唱え給うのである（迹《しゃく》に住して本《もと》を用《もち》う、という）。

仏がこの滅度を現じたもうてだてをもって人々を教えみちびかれるのは、仏がいつまでもこの世にいらっしゃると、私利・私欲・私心で動く徳の薄い人は、善い果報《むくい》を得るための善因を修《しゅ》そうとしないから、その性格が貧しく賤しくなり、目の前の欲望（五欲、財・色・食・名誉・睡眠の欲）にとらわれ、仏の道に迷ってしまうのである。もし仏が常にいまし、滅度されることはないと思えば、わがままな心を起し、怠け心を起し、仏には遭《あ》いがたいという思いをもって仏を慕い尊ぶ心を起すことはなくなる。

だから仏はてだてとして仏にも生滅《しょうめつ》あることを説き、この世で仏にお遭いできることはとても難しいことだと、誡めたもうのである。というのは、私利・私欲・私心で動く徳の薄き人々は、はるかに長い歳月（無量百千万億劫《むりょうひゃくせんまんのくこう》）を経ても、あるいは仏を見るものもあり、そんな長い歳月を経てもなお仏を見ないものもある。だから仏は、仏にははなはだ値い難いと誡められるのである。そうした徳の薄い人々は、仏のこの誡めを聞いてはじめて、仏には遭い難いとしみじみと思い、真実仏を恋い慕い、心から仏の徳を仰ぎ信仰の心を起し、善い果報《むくい》を得る善因を修するようになるのである。

以上のように、仏の滅度されるということには、このような利益《りやく》があるからこそ、仏は常にいまし滅度されるものではないが、てだてとして滅度すとおっしゃるのである。

釈迦一仏のみならず一切の仏の教えもまたその通りである。ひとえに人々を教えみちびくがためであって、その利益《りやく》は真実であって虚妄《こもう》ではないのである（本《もと》に住《じゆう》して迹《しやく》を用う、という）。

⑧良医のたとえ

イ、良医、遠国に行く

法華七喩の第七「良医のたとえ」である。以下（　）はその意味するところを解説する。

その昔、良医（人々の病を治す仏をさす）があった。智慧（権実二智《ごんじつ》）すぐれ（五眼《ごげん》をもって人々の性質・能力を知る）、薬（十二部経）の調剤に巧みで、どんな病気（人々の病）もよく治療した。その人には子供（仏にみちびかれる人々）多く、あるいは十（声聞《しようもん》）、あるいは二十（縁覚《えんがく》）、あるいは百（菩薩）を数えた。所用《しよよう》（人々をみちびくため）あって、遠く他国へ出かけていった（この土で滅度を示し、他土に出現する）。

ロ、子ら毒を飲む

父の良医が他国に出かけて行ったあと、子供たちは誤って毒薬を飲み（仏の滅後、仏の正法にそむき異教を信ず）大地をのたうちまわった（生まれかわり死にかわり迷いをくりかえす）。

ハ、父の良医帰りくる

この時、父の良医は帰ってきた(釈尊、娑婆世界に出現)。子供たちは毒を飲んだが、なかにすっかり本心を失った者(久遠《くおん》の昔に本仏《ほんぶつ》から仏なる種子を与えられたことを忘失《もうしつ》したもの)もあれば、また本心を失なわないもの(忘失していないもの)もあった。

遙かにその父を見て(遙かに——仏の姿は見るが仏の本来の姿は見えぬ)一同大いによろこび、跪《ひざま》ずいてあいさつして言うには——

「お父さん、よくお帰りくださいました。私たちは愚かで、誤って毒薬を飲みました。どうか治療して(釈尊に対し梵天が説法を請《こ》うた)いのち永らえさせて下さい」と。

ニ、父の良医、処方す

父の良医は、子供たちの苦しみを見て、いろいろの薬方《やくほう》(大小乗の教え)によって、上等の薬草の色(戒)、香(定《じょう》)、味(慧)すべて整ったのを求めて擣《つ》き篩《ふる》い(空《くう》・仮《げ》・中《ちゅう》の三観)よくまぜて子供に服さしめた。そして言うには——

「この薬は色・香・味すっかり揃った良い薬だ。さあ、みんな服《の》みなさい。(大小乗によって修行せよ。必ず迷いを離れ、さとりにいたるだろう)すぐ苦しみがなくなって、よくなるだろう」と。

ホ、本心を失なわざるもの

その多くの子供たちのなかで、本心を失っていないものは、その薬の色も香も揃って良いのを見て、早速服《の》んで、病気はすっかりよくなった。（善強く、悪軽いものは仏の教えを聞き、すぐに教えのままに修行して迷いを断《た》つことができた）

へ、本心を失えるもの

そのほかの本心を失ったものは、父の良医が帰ってこられたのを見て喜び、ごあいさつして、どうか病を治してくださいとお願いはしたものの、良医が薬を与えてもあえて服《の》もうとしなかった。というのは毒が深くまわって、本心を失ってしまっていたので、この色も香も揃って良い薬を見ても、良いとは思わなかったからである。（善軽く、悪重いものは、仏を見ることを得て救いを求めはしたけれども、教えにしたがって修行することができなかった）

ト、父てだてをもって服せしむ

そこで父の良医はこう考えた——

「この子供たちは可哀想なものだ。毒にあてられて、すっかり心が顚倒《てんとう》している。私を見て喜び、救いを求めはしたけれど、この色も香も揃った良い薬を見ても、あえて服《の》もうともしない。私はてだてを設けて、この子供たちにもこの薬を服《の》ませよう」と。

そこで父の良医は、本心を失った子供たちに言った——

「さあ、みんな、私も歳をとってもはや死ぬ時がきた。この良い薬をここにおいておく（是好良《ぜこうろう》薬今留在此《やくこんるざいし》——仏の滅後、三蔵《さんぞう》の経教留《とど》めてこの世にあり、これによって修行すれば煩悩の病を除くことができる)。お前たち、服《の》みなさい。治らないのではないかと心配することはない」と。

父の良医はこう言い置いてまた他国へ出かけていった。そして使を遣わして「お前たちのお父さんはなくなった」と知らせた。(使とは、仏滅後の弘経《ぐきょう》を託せられた地涌《じゆ》の菩薩である。この地涌の菩薩この世に出現されなければ仏の入滅を知ることは出来ない)

この時、子供たちは父が他国でなくなったと聞いて、大いに憂い悩み、そうして思った――「もし父がおられれば我らを慈しみ愍《あわれ》み、われわれを救ってくださったであろうに、今は我らを捨てて遠く他国でおなくなりになった」と。

子供たちがつらつら考えてみるのに、今は親を失い孤独となり頼るものとてないと、絶えず悲しみに打たれることによって、かれらの顚倒した判断力は、不顚倒の判断力となり、心ついに目ざめ(常懐《じょうえ》悲感《ひかん》、心遂《しんずい》醒悟《しょうご》)、この薬の色も香も味も揃った良い薬であることを知り、早速服《の》んで毒の病はすっかり癒《い》えた。(仏の出世に逢わざるを悲しんで、さとりを求める心を起し、おろかさや邪まな見解の毒の酔《よ》い、自《おのず》から醒《さ》めた)

その父の良医は、子供たちの病すべて癒えたと聞き、早速帰ってきて、子供たちにまみえた。

(仏は一たび滅度を現じたが、人々の病の癒えたのを聞いて、再びこの娑婆世界に出現して人々を教えみちびきたもう)

チ、良医に虚妄の罪ありや

そこで仏が言われるには——

「みんな、どう思うか。この父の良医が子供を捨てて他国に行き、使をつかわして死んだと言ったが、これはウソをついた罪になるだろうか」と。

一同は言った「いや、そんなことはありません」と。

(永遠に実在する仏であるけれども、人々をみちびくてだてとして滅度を示された。また永遠に実在する仏なれば、改めて生じ給うことはないけれども、人々の煩悩の病癒え、機熟するをもって生《しょう》を現じたもう。この仏のてだては事実に相違することありとも、人々をみちびくためであれば虚妄罪《こもうざい》とはならぬ)

仏もまたこの父の良医と同じである。成仏してこのかた、はかり知れぬ歳月(無量無辺百千万億ナユタ阿僧祇劫《あそぎこう》)が流れた。人々をみちびくがために、てだてとして滅度すという。我が虚妄《こもう》の罪を説くものはない。

⑨自我偈《げ》

そのとき仏は、かさねてこの意味を明らかにしようとしてつぎの詩を説かれた。

「自我得仏来《じがとくぶつらい》」と自我という言葉ではじまるので自我偈《じがげ》と呼ばれ、法華経のなかでも最もひろく読誦《どくじゅ》され、また最も重要な一節です。

1、私が成仏してこのかた経過した歳月は、到底はかることのできないものである。

2、その間、常に法を説いて、かぎりない人々を教えみちびいてきた。それからもうはかり知れぬ時が経過した。

3、生きとし生けるものを仏の道に入らせるため、てだてとして仮にこの世から姿を消すが、しかし実はそうではない。いつもこの世にあって教えを説きつづけているのである。

4、私は常にここにあるけれども、仏の不思議な力によって、心深く迷っている者たちの眼には、近くにあっても見えないようにしてあるのだ。

5、人々は私の死を見て、私の遺骨を拝んで、みな私を恋い慕い、遭《あ》いたいという心をおこす。

6、仏をひたすら慕う者たちは、すでに仏に信をささげ、素直《すなお》な、やさしい心で、仏さまに遭いたい一心で、自分の身や命さえ惜《お》しいとは思わない。

7、その時にこそ私は多くの僧たちとともに、その人々の前に姿を現わすのだ。

8、その時に私は人々にこのように語る。私は常にこの世（娑婆世界）にあって決して滅することはないけれども、人々をみちびくてだてとして、ある時には滅度の姿を、ある時には不滅の真実をあらわすのである。

9、ただこの娑婆世界だけには限らない。他のいずこの国であろうとも、仏をまごころをもって敬い、かつ信ずるものがあれば、私はまたその人々のために、仏の最上の教えを説くであろう。お前たちはこのことを知らずして、ただ仏は滅度したとばかり思っている。

10、しかし、私が多くの人々のありさまを見るに、みな苦しみのただなかに悶えている。だから私は姿をあらわさない。それというのも、仏に対しておすがりしたいという心を起させたいためである。

11、苦しみのただなかにあってこそ、その心が仏を恋い慕うので、その時に仏は世に出てその人々のために教えを説くのである。

12、仏の不思議な力はこのように、はかり知れぬ遠い昔から、常にこの世界や他の世界に住して我々をみちびいておられる。

13、生けるものの劫《こう》つきて大火（この世界が滅尽する時の劫火《ごうか》）に焼かるると見る時も、我が仏の国は安穏《あんのん》で天人常にみちて、園《その》や林や高殿《たかどの》は、いろいろの宝で飾られ。宝の樹には、みごとな華が咲き、果実《み》がみのって、生けるものみなたのしく遊び、神々は鼓《つづみ》をうってさまざまの音楽を奏し、マーンダバラの花を仏や仏をとり囲む数多くの人たちの上にふらす。

14、この仏の世界はつねにかわらず安穏であるのに、もろもろの人は焼け尽きて、憂いや怖ろしさや、いろいろの苦悩が、このようにみちあふれていると見るのである。

15、こうした多くの罪ふかい人々は、過去の悪い行為が原因で、ながい時を経ても仏、法、僧の三宝《さんぼう》のみ名をきくこともない。

16、多くの功徳をつみ、純正な信仰の心をもつものは、永遠の仏（本仏《ほんぶつ》）が今この娑婆世界にあって法を説かれるのを見るであろう。

17、ある時には、こうした人々のために、仏の寿命ははかり知れず永遠なものであると説く。だが、久しい時を経てようやく仏を見ることが出来るものには、仏には値《あ》いがたいと説くのである。

18、仏の智力《ちりき》はこのようである。大慈大悲の智慧光《ちえこう》はあまねく世を照し、仏の寿命もまたかぎりない。これみな、過去世での久しい修行によって得たところである。

19、清浄《しょうじょう》な心を持って仏を渇仰《かつごう》する正信《しょうしん》の者たちよ、再びここで本仏《ほんぶつ》の永遠なることについて疑いを持つようなことがあってはならぬ。永久にそうした疑いを生ずることのないよう断ち切ろう。仏の言葉こそ真実であって、うそいつわりはない。

20、毒薬を服《の》んで苦しんでいる子を癒すために、良医がてだてとして実際は生きているのに、死んだ、と言ったように、これは決してうそ、いつわりで他人をあざむいたのではないようなものである。

21、私もまたその良医のように、世の父となって、多くの人々のあらゆる苦しみを救うものである。だが世の迷える人々が、誤った考えや見方に陥っているので、永遠にこの世にあるけれども、てだてとして滅したと言うのである。

22、いつも仏を見馴れてしまっては、おごりたかぶり、わがまま勝手な心が生じ、だらしなく、本能的な欲望にふけり、悪の道に陥ってしまう。

23、仏はつねに、人々がそれぞれ仏の道を行じているかいないかを、よく御存じで、それぞれの人々にかなった救いの道を、いろいろにお説きになるのである。

24、仏さまはかた時も休むことなく、つねに世の人々を何としても無上の仏の道に入らせ、成仏させたいと念じておられるのである。

（自我偈についてさらに詳しい解説は、拙著『自我偈講讃』を参照されたい）

十七、得るところの功徳、差あり(分別功徳品《ふんべつくどくほん》)

①本門の授記

まず菩薩の修行の進行に随って段階がある。十信《じゅっしん》、十住《じゅうじゅう》、十行《じゅうぎょう》、十廻向《じゅうえこう》、十地《じゅっち》、等覚《とうがく》、妙覚《みょうがく》の五十二位である。

迹門《しゃくもん》の説法では、右の十住のはじめ、初住《しょじゅう》の位で一分《いちぶ》真実の理をさとる「初住分真《しょじゅうぶんしん》」の授記を得、本門では仏のいのちの永遠であることを聞いてさとりの道を進め、二乗や菩薩の苦しみや迷い(変易《へんにゃく》の生死《しょうじ》)を滅ずる増道損生《ぞうどうそんしょう》の徳として仏のさとりである妙覚の授記を得る。だから舎利弗などの声聞《しょうもん》は迹門《しゃくもん》の終りで初住分真の授記を得、今本門に入って再び増道損生の徳としての妙覚の授記を得るのである。

さて本文に入る。

仏が「永遠の仏のいのち」(寿量品)をお説きになった時、そこに集った多くの人たちは仏の寿命《いのち》のかくも長いことを聞いて、一同は増道損生のゆたかな利益《りやく》を得た。

②本門の十二益

仏がその寿命の永遠であることを説かれた時、

(1)六百八十万億ナユタのガンジス河の砂ほどの人々が一切の存在は不生不滅《ふしょうふめつ》であるという真理をさとった（十住の利益を得た）。

(2)さきの数に千倍する人々が、一切の音声や言語、耳に聞くこと悉くおぼえていて決して忘れることのない（聞持陀羅尼《もんじだらに》）という功徳を得た（十行の利益を得た）。

(3)一つの四天下《してんげ》（須弥山《しゅみせん》を中心とした九山八海四州並びに日月を有する世界）を微塵に砕いた数の菩薩たちが、すべての人々の望みに応じて自在に説法する才能（楽説無碍弁才《ぎょうぜつむげべんざい》）を得た（十廻向の利益を得た）。

(4)同じく四天下《してんげ》を微塵《みじん》に砕いた数の菩薩たちが、迷える人々が存在に執着するのを転じて空《くう》に達する智慧（旋陀羅尼《せんだらに》）を得た（十地のはじめの初地の利益を得た）。

(5)三千大千世界を微塵に砕いた数の菩薩たちは煩悩を打ち砕いたさとり、再び退失することなき教え（不退《ふたい》の法輪《ほうりん》）を得た（十地の第二地の利益を得た）。

(6)二千の世界を微塵に砕いたほどの菩薩は、不退をこえて、清浄《しょうじょう》をさとった人の説法（清浄法輪《しょじょうほうりん》）の功徳《くどく》を得た（十地の第三地の利益を得た）。

(7)一千世界を微塵に砕いたほどの菩薩は八たび生れかわって、仏のさとり（妙覚《みょうがく》）の位にいたる利益を得た（十地の第四地の利益を得た）。

※この次に七たび生れかわり、また六たび生れかわり、また五たび生れかわって仏のさとり（妙覚）を得る、第五地、第六地、第七地の利益を得る人について略されている。

(8)四天下（註、前掲）を四つあわせた世界を微塵に砕いたほどの菩薩は、四たび生れかわって仏のさとり（妙覚）を得る利益を得た（十地の第八地の利益を得た）。

(9)四天下を三つ集めた世界を微塵に砕いたほどの菩薩は、三たび生れかわって仏のさとり（妙覚）を得る利益を得た（十地の第九地の利益を得た）。

(10)四天下を二つ集めた世界を微塵《みじん》に砕《くだ》いたほどの菩薩は、ふたたび生れかわって仏のさとり（妙覚）を得る利益を得た（十地の第十地の利益を得た）。

(11)一つの四天下の世界を微塵に砕いたほどの菩薩は一たび生れかわって仏のさとり（妙覚）を得る利益を得た（仏のさとりの妙覚に次ぐ等覚《とうがく》の利益を得た）。

(12)八つの三千大千世界を微塵に砕いたほどの人々は皆仏のさとりを求める心（発菩提心《ほつぼだいしん》）をおこした（十信の利益を得た）。

③本門の八瑞

仏はそれぞれの菩薩たちが、さとりにいたる大いなる利益を得た時、

(1)大空からマンダラケ、マカマンダラケをふらし、多くの宝樹のもとに坐す仏たちや、多宝塔

の中の釈迦、多宝の二仏、また多くの大菩薩たちや、比丘、比丘尼、優婆塞《うばそく》、優婆夷《うばい》（四衆《ししゅう》）の上に散らした（雨華《うけ》）。

(2)また細かな粉末の栴檀《せんだん》や沈水《じんすい》の香をふらし（雨香《うこう》）

(3)また大空の中で天の鼓《つづみ》が自《おのず》から鳴り、その音はまことにすばらしく（天鼓《てんく》）

(4)数多くの天人の衣をふらし（雨衣《うえ》）

(5)真珠《しんじゅ》や摩尼珠《まにじゅ》や如意珠《にょいじゅ》の装厳具《しょうごんぐ》が四方四維《しほうしい》と中央の九方にあまねく、（垂珞《すいらく》）

(6)立派な香炉に、この上もない立派なお香を焼《た》き、その香りはあまねく一同の上に匂い、（焼香《しょうこう》）

(7)一人一人の仏には、多くの菩薩たちが、幡《はた》と天蓋《てんがい》を掲《かか》げて次第に梵天にまでいたった（幡蓋《ばんがい》）

(8)この多くの菩薩たちは、妙《たえ》なるみ声で、かぎりなく多くの歌をうたって仏たちを讃めたたえた（歌讃《かさん》）。

つづいて本門の領解段《りょうげだん》に入って、弥勒菩薩は大衆を代表して本門の十二益《やく》、本門の八瑞《ずい》を偈をもってくりかえして、本門の正宗分《しょうしゅうぶん》は終る。

④現在の四信

以下、法華経の終りまでは、本門の流通分《るづうぶん》である。ここでは仏は、仏の寿命の永遠であることを聞いた功徳を述べられる。仏の在世の弟子に対しては四信《ししん》を、滅後の弟子に対しては五品《ごほん》を説かれる。これは仏在世の弟子についての四信である。

イ、一念信解

仏が弥勒菩薩に告げていわれるには——

「仏の寿命の永遠であることこのようであることを聞いてたとえわずかの信心（一念信解《いちねんしんげ》）でも起したならば、その功徳はまことにはかり知れない。もし人あって無上のさとりを得ようとして、はかり知れぬ長い歳月（八十万億ナユタ劫）布施《ふせ》、持戒《じかい》、忍辱《にんにく》、精進《しょうじん》、禅定《ぜんじょう》のさとりにいたる六つの道のうちこの五つ（般若を除く）を修行したとしよう。この人たちの功徳は、さきの仏の寿命の永遠なことを聞いてわずかな信心を起した人の功徳の百分の一、千分の一、乃至《ないし》百千万億分の一にもあたらない。だから仏の寿命の永遠であることを聞いてわずかな信心でも起すものは、こんな大きな功徳があるのであって、無上のさとりに於てそれを退失するような道理はない。以下偈をもって重説される。

ロ、略解言趣

弥勒菩薩よ、もし仏の寿命の永遠であることを聞いて、説かれたことの趣旨をほぼ了解するものは、この人の得るところの功徳ははかり知れず、自他の無上の智慧を起すであろう。

ハ、広為他説

ましてや、広くこの法華経を聞き、また人をして聞かしめ、或いは自分も持《たも》ちまた他人にも持たしめ、或いはまた自分でも書きまた他人にも書かしめ、さらには華や香、貴金属でつくった装身具（瓔珞《ようらく》）、はたほこ（幢《どう》）、はた（幡《ばん》）、天蓋《てんがい》（繒蓋《そうがい》）、香油や燈をもってこの法華経の経巻《きようがん》を供養するものをや（方便有余土《ほうべんうよど》）。この人たちの功徳ははかり知れず、仏の智慧を生むであろう。

ニ、深心観成

弥勒菩薩よ、仏の寿命の永遠なることを聞いて深い信心に達し、真理を観じ理解するものは、仏が霊鷲山《りようじゆせん》にあって大菩薩や声聞《しようもん》たちに取囲まれて説法しているのを見るものであり、またこの娑婆世界の大地が瑠璃《るり》で敷かれ、地は平らかに八方の道は金で境界を示し、宝の樹が並び、建物はみな宝で飾られ、菩薩たちがみなそこに居るのを見るであろう（実報土《じつぽうど》）。もしこのように観ずることのできるものは、これを深い信心に達したという。

⑤滅後の五品

イ、初随喜品

また仏なきあと、もしこの法華経を聞いて、仏の教えをそしるようなことをしないで、心から喜ぶ人は深い信心に達した人である。

ロ、読誦品

ましてや、この法華経を読誦し、受持（信力の故に受け、念力の故に持《たも》つ）する人をや。この人は仏を心から頂く人である。弥勒菩薩よ、この人たちは塔や僧房を作ったり、衣服《えぶく》、臥具《がぐ》、飲食《おんじき》、湯薬《とうやく》などの四事《しじ》をもって多くの僧たちを供養したりしない。というのは、この法華経を読誦し受持することがほかならぬ塔や僧房を作り多くの僧たちを供養することなのである。仏の舎利《しゃり》（お骨）を祀《まつ》る七宝《しっぽう》の塔をたて、はかり知れぬ歳月（無量千万億劫）種々の供養をし終ったのと同じである。

ハ、説法品

弥勒菩薩よ、もし仏なきあと、この法華経を受持し、自からも書き、また人にも書かしめるものがあったならば、その人は数知れぬ多くの立派な僧房やお堂を仏やその弟子たちに供養するものである。だから「仏なきあと、この法華経を受持し、読誦し、他人のために説き、自からも書き、他人にも書かしめ、この法華経を身をもって供養するならば、改めて塔寺をたて、僧房をつくり、多くの僧たちを供養する必要はない」（経巻供養《きょうがんくよう》）と私は説くのである。

ニ、兼行六度品

ましてこの法華経を受持し、その傍《かたわ》ら、ほどこし（布施）、規律を保《たも》つ（持戒）、耐え忍ぶ（忍辱《にんにく》）、努力（精進《しょうじん》）、精神統一（禅定《ぜんじょう》）、仏の智慧（智慧）という、さとりにいたる六つの道（六波羅蜜）を実践するものをや。この人たちのすぐれた徳は、かぎりない。譬《たと》えば大空は東西南北、北東、東南、南西、西北、上方、下方といずこに向っても限りないように、この人たちの功徳も限りない。そして仏の智慧（一切種智《いちさいしゅち》）にいたるだろう。

ホ、正行六度品

もしこの法華経を読誦し、受持し、他人のために説き、あるいは自らも書き、他人にも書かしめ、また塔や僧坊を造り、多くの僧たちを供養し、あらゆる方法で菩薩の功徳をたたえ、また他人のためにいろいろの因縁を説いてこの法華経の内容を説き明し(布施)、また清浄の戒を持ち(持戒)、心やさしい素直な人と共に居って、あらゆることを耐え忍び、瞋《いか》ることなく志は固く(忍《にん》辱《にく》)、いつも坐禅を尊び精神統一を心がけ(禅定《ぜんじょう》)、つねに努め励んで善い果報《むくい》を得る善因の行為をし(精進)、性質、能力すぐれ智慧あり、どんな問いにもよく適切な解答を与える(智慧)。

弥勒菩薩よ、もし我がなきあと、この法華経を受持し、読誦する者、みなこのような功徳がある。この人たちは仏のさとられた道場にあって、仏のさとりに近づき、菩提樹のもとに坐しているのである。こうした人の居るところには塔をたてよ。あらゆる人々がこの塔を供養すること、仏の塔を供養するごとくせよ。

以下偈において滅後の五品《ごほん》のうち初随喜品《しょずいきほん》を除いて重説される。

十八、五十展転随喜《てんでんずいき》の功徳《くどく》(随喜功徳品《ずいきくどくほん》)

前章最後の偈に初随喜品を除いて重説されている、と述べたが、その初随喜品の功徳を説くのがこの一章である。

①弥勒菩薩の問い

その時、弥勒菩薩は仏におたずねした――

「この法華経を聞いて、心から喜ぶ人はどんな功徳を得るのでしょうか」と。

②仏、答えたもう

イ、自から内に喜ぶ人の功徳

そこで仏は弥勒菩薩に答えたもう――

「弥勒菩薩よ、仏なきあと、男女の出家者や在家者及びその他の智慧あるもの、それが年をとっていようがいまいが、この法華経を聞き終って心に喜びを感じ、説法のところを出でてどこか他へ行くとしよう。それが僧坊であれ、静かな修行所であれ、あるいは城や街や村や里であろうとも、両親や親族、あるいは友だちや先生に、自分の聞いたところを力相応に説いたとしよう。そこでその人の話を聞いて心に喜びを感じ、またその喜びを感じた人が出かけていって他の人に法華経の教えをつたえたとしよう。さらにそこで聞いた人が心に喜びを感じて、さらにまた法華経の教えを伝えたとしよう。こうしてつぎつぎ伝えていって(展転《てんでん》して)五十人目に法華経の教えを聞いて心に喜びを感じた人の功徳をこれから説こう。よく聴いておくがよい――。

この世のありとしあらゆる衆生《しゅじょう》(六趣《しゅ》四生《しょう》、有形《うぎょう》、無形《むぎょう》、有想《うそう》、無想《むそう》、非有想《ひうそう》、非無想《ひむそう》、無足《むそく》、二《に》足《そく》、四足《しそく》、多足《たそく》)にはいろいろ欲求があって、その欲求に応じて楽しみの道具(娯楽《ごらく》の具《ぐ》)を与えたとしよう。そのありとしあらゆる人の一人一人に、この世に満つるほどの金、銀、瑠璃《るり》、硨磲《しゃこ》、瑪《め》瑙《のう》、珊瑚《さんご》、琥珀《こはく》などの宝石類や、象や馬や車や七宝《しっぽう》で飾った立派な宮殿や建物を与えたとしよう。ところがこの人がこんな施しをすること八十年たったころ思うには、私はすでにこんなにも多くの人にそれぞれ望みに従ってかずかずの品を与えた。だが、みんなすっかり年をとってしまって、髪は白く顔もシワだらけ、いのち終るのもそう遠くない。これからは仏の道を説いて教えみちびこう、と。かくて多くの人々を集めて法を説き多くの利益《りやく》を得させ、小乗のさとりに至る道を学ばせ、あらゆる煩悩を断じ、精神を統一して心自在《じざい》を得、あらゆる相対的な思考を超えた絶対の境地にいたらしめた。さあ、弥勒菩薩よ、この多くの施しをした人の功徳は多かったろうか、どうだろうか」と。

そこで弥勒菩薩は答えて言う――

「仏よ、この人の功徳はとても大きく、はかり知れないものがあります。この世のありとしあらゆる人々にその望むところのものを施しただけでも大きな功徳があるのに、ましてや法を説いて小乗のさとりにみちびいたとは、それはそれははかり知れぬ功徳であります」と。

これを聞いて仏はおもむろに仰せられた――

「さあ、弥勒菩薩よ、ここではっきり聞いておくがよい。このありとしあらゆる人にその望むところのものを施し、あまつさえ法を説いて小乗のさとりを得させたこの人の功徳は、さきに言った法華経を聞いて心に喜びを感じ、それを他の人に説き、それを聞いた人がまたさらに次の人に説き……かくつぎつぎに法華経を聞いて、五十人目の人が心に喜びを感じたその人の功徳には遙かに及ばない。百分の一、千分の一、いや百千万億分の一にも及ばない。とても計算や譬《たとえ》ではあらわせるものではない。弥勒菩薩よ、かくつぎつぎに法華経を聞き心に喜びを感じた五十人目の人が、たとえ法華経の一句を聞いて喜びを感じた功徳（五十展転随喜《てんでんずいき》の功徳）は、はかり知れず大きい。まして最初に法華経を聞いて心に喜びを感じた人の功徳はまことに勝れたもので、その功徳はかり知れず、比べようとてない。

ロ、他を勧めて法を聴かす人の功徳

弥勒菩薩よ、もし人あって、この法華経を聴かんがために僧坊を訪ね、あるいは坐し、あるいは立って、たとえわずかであろうともこの法華経を聴いて信受する人、この人はその功徳によって大変良い処に生れ、あるいは上等の家や馬の車に乗り、またあるものは立派な宝で飾られた輿《こし》に乗り、さらにあるものは天の宮殿に生ずるであろう。（以上、自から往きて法を聴く人）

また説法の座にいて、あとから来る人があった時、こころよく座を分ち坐せしめ、共に法を聴かしめた人の功徳は、生れかわってあるいは帝釈天の座に坐し、あるいは梵天王の座に坐し、あるいはまた転輪《てんりん》聖王《じょうおう》の座に坐すであろう。（座を分ち聴かしめる人）

また人あり。他の人に向って「法華経というありがたいお経があります。一緒に行ってその教えを聴きましょう」と誘って、たとえわずかの時間でも共に行って聴いたとしよう。この人の功徳は、生れかわって仏の教えの精要で不思議な力を持った言葉（陀羅尼）を身につけた菩薩と同じところに生れるでしょう。そして眼《げん》、耳《に》、鼻《び》、舌《ぜっ》、身《しん》、意《い》の六根が清浄《しょうじょう》となり（具体的に詳しい記述あり）、人相ととのい、すぐれ、生れかわり死にかわっても、いつも仏に遭《あ》うことが出来、仏の教えを聴き、信受することができるであろう。（他を勧めて聴かしめる人）

たとえ一人の人を誘って法華経の教えを聴かせても、その功徳は以上のようである。ましてや、一心に法華経を聴き、読誦し、多くの人のために法華経の教えを説きわけ、そして法華経の教えの如く修行する人の功徳は言うまでもないこと、最も勝れたものである。（くわしく聴いて修行する人）

以下偈をもって重説される。

十九、六根清浄(法師功徳品《ほっしくどくほん》)

①五種法師の功徳たる六根清浄

前二章に説かれた功徳は修行者が法華経の一偈一句を聞いて心に喜びを感ずる功徳（因の功徳）を説かれていたが、その心に喜びを感じた結果、この法華経を受持《じゅじ》・読《どく》・誦《じゅ》・解説《げせつ》・書写《しょしゃ》（五種法《ごしゅほっ》師《し》）して得る果の功徳として六根が清浄となることが説かれている。第十章道を弘める功徳（法師《ほっし》品《ほん》）に迹門《しゃくもん》の五種法師の功徳が説かれているのに対し、この章では本門の五種法師の功徳として六根清浄が説かれる。法師については第十章でも述べたように、本来法師とは「教えをひろめるために力を尽くす人」です。

まず五種法師の功徳としての六根清浄の数があげられます。

その時、仏は常精進《じょうしょうじん》菩薩に告げられます――

「この法華経を受持し、読誦し、解説し、書写するものは、八百の眼《まなこ》の功徳、千二百の耳の功徳、八百の鼻の功徳、千二百の舌の功徳、八百の身《み》の功徳、千二百の意《こころ》の功徳を得、六根(眼《げん》・耳《に》・鼻《び》・舌《ぜっ》・身《しん》・意《い》）清浄となる」と。

イ、眼根清浄

この法華経を受持《じゅじ》し、読誦《どくじゅ》し、解説《げせつ》し、書写《しょしゃ》するものは、親に生んで貰ったこの身体に具わっている眼で、この広い世界の（三千大千世界）あらゆる山林河海の下は地獄の底から、上は天上界の上層まで悉く見ることが出来る。またその中のあらゆる人々の善悪の行為の原因や条件、そしてその果報《むくい》によって生れるところ、悉く知ることが出来る。

以下偈をもって重説される。

ロ、耳根清浄

またこの法華経を受持し、読誦し、解説し、書写するものは、千二百の耳の功徳を得る。この清浄の耳をもって、この広い世界の下は地獄から、上は天上界の上層までのあらゆる声をきくことが出来る。象の声、牛の声、車のひびき、男の声、女の声……要するに、この広い世界のあらゆる声を、まだ仏の不思議な力の一つ、天耳通《てんにつう》を得てはいないが、親の生んでくれたこの身体に具わった清浄の耳ですべてを聞くことが出来るのである。

以下偈をもって重説される。

ハ、鼻根清浄

またこの法華経を受持し、読誦し、解説し、書写するものは八百の鼻の功徳を得る。この清浄の鼻でもってこの広い世界のありとしあらゆる香《か》をかぐことができる。数限りないあらゆるお香《こう》、あるいは粉末のものも、固く丸めたもの、身に塗るもの、それぞれ区別してかぐことができる。また人、馬、牛、羊、男、女、童子、童女の香をかぎわけることができる。またこの世界にあって天上の諸天の香をかぎわけてあやまらず。また天人の身をかぎわけることも出来る。帝釈天や忉利天《とうりてん》、あるいは天の男、女、さては天上界の上層の香など、すべてかぎわけてあやまらない。

以下偈をもって重説される。

二、舌根清浄

またこの法華経を受持し、読誦し、解説し、書写するものは千二百の舌の功徳を得る。食物であれば、好《こう》・醜《しゅう》、美《み》・不美《ふみ》、苦《にが》く渋いものであろうとみな変じて甘露《かんろ》のように非常においしいものとなる。またその舌で多くの人のなかで法を説くと、すばらしい良い声が出て、聞く人は惚れ惚れし、みな大きな喜びを得る。またその法を説くのを聞いて天人、帝釈天、梵天らも皆集ってくる。また天竜八部衆たちも集ってきて供養をささげるであろう。また在家や出家の男女、国王、王子、多くの家来、転輪聖王《てんりんじょうおう》たちも集ってきて法を聴くであろう。またさらにバラモン、居士《こじ》、国内の人民らもやってきて供養するであろう。また多くの声聞《しょうもん》、縁覚《えんがく》、菩薩、仏らもやってきてごらんになるだろう。この人の居るところに向って仏は法を説かれるだろう。あらゆる仏の教えを受持し、すばらしい声で法を説くであろう。

以下偈をもって重説される。

ホ、身根清浄

この法華経を受持し、読誦し、解説し、書写するものは、八百の身の功徳を得るであろう。その身、清浄にして多くの人はその姿を見ようと思うであろう。その身が清浄であるので、この広い世界のあらゆる人々が、ちょうど鏡に映るように、その人々の生、死、その姿、そしてどんなところに生れるか、ちゃんと映ってくる。またこの世界のあらゆる山々や、その中に住む人々、みなそこに現われるであろう。下は地獄の底から、上は天上界の上層にいたるまでのあらゆる人々もまたそこに現《あら》われるであろう。また声聞、縁覚、菩薩、仏が説法される姿も鏡のように映ってくるであろう。

以下偈をもって重説される。

ヘ、意根清浄

仏なきあと、この法華経を受持し、読誦し、解説し、書写するものは、千二百の意《こころ》の功徳を得るであろう。意《こころ》に迷いのない清浄な状態で、たとえ一偈、一句を聞いても、その一偈、一句によって無量の意味をさとることが出来るだろう。その無量の意味をさとって、その内容を説くこと一か月、四か月、あるいは一年たってなお尽くせぬものがある。その説くところ、その意味に従って、仏のおさとりの内容（諸法実相《しょほうじっそう》）と少しも違《たが》わない。「若《も》し俗間《ぞっかん》の経書《きょうしょ》、治世《ちせい》の語言《ごごん》、資生《ししょう》の業等《ごうとう》を説かんも、皆正法《みなしょうほう》に順ぜん」とある。もし世俗的な修養書や経世済民《けいせいさいみん》の政治的な議論、生活をたすけるための事業などに就いて説いたとしても、迷いを離れた清浄の意《こころ》をもって説くのであるからみな仏の心にかなうものとなる、という意味である。さらに続いて、広いこの世界の迷える人々（六趣《ろくしゅ》）の心が何を求めているか、どんな考えが浮んでいるか、どんなつまらぬことを考えているか、すっかりわかるのである。まださとりの智慧はなくとも、迷いを離れた清浄な意《こころ》をもっているからわかるのである。

この人が考え、判断して説くところ、みなこれ仏の教えであって、すべてこれ真実であり、過去の仏の説かれたところと一致しているのである。

以下偈をもって重説される。

二十、常不軽菩薩について（常不軽菩薩品《じょうふきょうぼさつぽん》）

①信と謗《ぼう》の功徳と罪報

仏、得大勢菩薩《とくだいせい》（勢至《せし》菩薩のこと）に告げて申されるには――

「お前たち、よく聞くがよい。もし出家の男女、在家の男女（四衆《ししゅう》）で、この法華経を持《たも》つものに対し、悪口《あっく》し、罵《ののし》り、謗《そし》るものはその罪ははなはだ重しとは、すでに第十章「道を弘める功徳」（法師品）に説くが如くである。またこの法華経を受持し、読誦し、解説し、書写するものは、六根（眼、耳、鼻、舌、身、意）清浄の功徳を得ること、また前章「六根清浄《ろっこんしょうじょう》」（法師功徳品）に説くが如くである。

②威音王如来のこと

それはそれは、はかり知れぬ昔に仏がいらっしゃった。威音王如来《いおんのうにょらい》と名づけ、その時代（劫）を離衰《りすい》といい、国を大成《だいじょう》と名づけた。

威音王如来は、多くの人々のために法を説かれた。声聞《しょうもん》を求める者のためには、苦、苦の原因、さとり、さとりにいたる道の四つの真理（四諦《したい》）を説き、人生の普遍的苦悩である生・老・病・

死から救い、小乗のさとり（涅槃）を得させ、辟支仏《ひゃくしぶつ》（縁覚）を求めるものには、この現実の迷いの人生である生・老・病・死の拠《よ》って来るところ無明《むみょう》（迷いの根本）にあること（十二因縁）を説き、菩薩のためには、さとりにいたる六つの道（六波羅蜜）を説いて究極のさとりに入らしめられた。

この威音王如来の寿命は四十万億ナユタのガンジス河の砂の数ほどの劫で、仏の正しい教えが世に流布《るふ》すること（正法《しょうぼう》）、この世界を微塵にしたほどの劫の数、さらにこれに似た時代（像法）は、四大州を微塵にした数ほどの劫であった。

威音王如来は、多くの人たちに法を説き、多くの利益《りやく》を与えておなくなりになった。そして仏の正しい教えが流布する時代、引きつづいてそれに似た時代がすぎて、また威音王如来と名づける仏さまが出現された。こうして、つぎつぎ二万億の威音王如来と名づける仏さまが出現された。

③常不軽菩薩の出現

最初の威音王如来がなくなって、その正しい教えが流布する時代をすぎ、引きつづきこれに似た時代に、思いあがった人（増上慢《ぞうじょうまん》、いまだ得《え》ざるを得《え》たりと思う人）が大きな勢いを持っていた。その時、常不軽《じょうふきょう》と名づける菩薩があった。この菩薩はあらゆる人々に向って合掌礼拝して、こう言った――

「私はあなたたちを深く尊敬します。決して軽んじたりいたしません。というのは、あなたたちは菩薩の道を実践して、やがて仏となられるでしょうから」(我《が》深《しん》敬《きょう》汝《にょ》等《とう》、不《ふ》敢《かん》軽《きょう》慢《まん》、所《しょ》以《い》者《しゃ》何《が》、汝《にょ》等《とう》皆《かい》行《ぎょう》菩《ぼ》薩《さつ》道《どう》、当《とう》得《とく》作《さ》仏《ぶつ》—この二十四文字を日蓮聖人は略法華という)と。

この菩薩は、経典を読誦《どくじゅ》することなく、ただひたすらに礼拝を行じました(但行礼拝《たんぎょうらいはい》)。遠くの人を見ても、わざわざ出かけていって合掌礼拝し「私はあなたたちを軽んじたりいたしません。あなたたちはやがて仏になられるでしょうから」と。

多くの人のなかには、いかりを生じ、心の清浄《しょうじょう》でないものがあり、悪《あ》しざまに罵《ののし》って「一体、この坊主、どこからきて、我々を軽んじませんなどと言い、我らがやがて仏になるなどというのだ。我らは、そんな偽りの未来成仏の予告など、誰が信ずるものか」と。

こんな風にして長い歳月を経て、いつも罵《ののし》られたけれども、決していからず、いつも「あなたたちはやがて仏になります」と言った。

この言葉を聞いて、多くの人は杖でなぐり、石を投げたけれど、難を避け逃れて、なおも大声で「私はあなたたちを軽んじません。あなたたちはやがて仏になるでしょう」と言いつづけた。いつもこの言葉を言いつづけるので、思いあがった人々が「常不軽」と名づけたのです。

④菩薩の功徳と逆化の縁

この菩薩は、いのち終らんとする時、虚空《こくう》の中において、威音王如来がさきに説かれた法華経を聞いて、これを受持し、六根清浄を得、寿命《いのち》増すこと二百万億ナユタ歳、その間広く多くの人のために法華経を説いた。

さて、さきにこの菩薩を悪しざまに罵り、杖でなぐり、石を投げ、賤《いやし》めて常不軽と名を送った思いあがった人々も、この菩薩が、仏の不思議な力（神通力）を得、人々のために法を説くこと滞りなく（楽説弁力《ぎょうぜつべんりき》）、意《こころ》に禅定《ぜんじょう》を得た（大善寂力《だいぜんじゃくりき》）のを見て、菩薩の教えを聞いて、みんな菩薩を心から信じ、つき従うようになった。

この菩薩はかぎりなく多くの人々を教えみちびき無上のさとりを得させた。命終ってのち、二千億の仏にお値《あ》いして、みな日月燈明仏《にちがっとうみょうぶつ》と言った。その仏のもとにおいてこの法華経を説き、法華経を説いた因縁《いんねん》でまた二千億の仏にお値いした。今度は雲自在燈王仏《うんじざいとうおうぶつ》といった。そしてその仏のもとで、法華経を受持し、読誦し、また多くの人々にこの法華経を説いたので、その功徳とし六根清浄を得、多くの人々の中で畏るることなく法華経を説いた。

この常不軽菩薩はこのようにもろもろの仏を尊敬し、その徳を称え、善き果報《むくい》を得る善因を修し、のちにまた千万億の仏にお値いした。そしてそれらのもろもろの仏のもとでこの法華経を説き、その功徳によって、ついに仏となられたのである。

得大勢《とくだいせ》菩薩よ、この常不軽菩薩とは誰のことであろう。これこそ私の過去世の姿である。もし過去世においてこの法華経を受持し、読誦し、多くの人々のために説かなかったならば、この私はかく無上のさとりを得られなかったであろう。私は、かつて過去の仏のみもとでこの法華経を受持し、読誦し、多くの人のためにこの法華経を説いたればこそ、かく無上のさとりを得たのである。

さて、得大勢菩薩よ、常不軽菩薩を悪しざまに罵り、杖でなぐり、石を投げた思いあがった人々は、そのために、二百億劫という長い間、仏に値わず、仏の教えを聞かず、仏の教えを伝える僧を見ず、千劫という長い間、間断なく地獄の苦しみを受けた。だが、常不軽菩薩を悪しざまに罵ったが、その縁（逆化《ぎゃっけ》の縁）によって、その罪を償い終って、また常不軽菩薩が無上のさとりを教えみちびくのに遇った。得大勢菩薩よ、この常不軽菩薩を悪しざまに罵ったのは一体誰だろう。これこそは、この場にいる跋陀婆羅《ばっだばら》等の五百の菩薩や、師子月《ししがつ》等の五百の女性の出家者、思仏《しぶつ》等の五百の在家の男性たち、今は無上のさとりを得た人々の過去の姿にほかならない。

得大勢菩薩よ、よく知るがよい。この法華経は多くの菩薩たちを利益《りやく》し、無上のさとりにいたらしめる。だから、私のなきあと、この法華経を常に受持《じゅじ》、読誦《どくじゅ》、解説《げせつ》、書写《しょしゃ》すべきである。

⑤偈《げ》をもって重説

その時、仏は以上のことを重ねて述べようとして、偈を説いて言われるには——

過去に威音王《いおんのう》という仏がおられた。その無量の智慧をもって、多くのものを将《ひき》い導かれた。天上界のものも、人間も、みなこの仏を供養した。この威音王如来がなくなって、正しい教えが今にも滅びようとした時（法、尽きなんと欲せし時）常不軽と名づける菩薩と、教えをあれこれ批評し、とらわれている在家、出家の男女(四衆《ししゅう》)があった。常不軽菩薩はこの四衆のところへ行って「私はあなたたちを軽んじたりしません。あなたたちは菩薩の道を実践して、みな仏となられるでしょう」と。これを聞いた多くの人たちは、悪しざまに罵ったが、常不軽菩薩はじっとこらえておられた。ところが、常不軽菩薩が、かつて凡夫《ぼんぶ》(迷える人々)たりし時犯した罪は、この菩薩を罵る多くの人の声を聞きつつもなお、ぐっとこらえたことによって、その罪はすっかり償《つぐな》い終り(其の罪畢《お》え已《おわ》って)いよいよいのち終る時、この法華経を聞くことが出来、六根清浄を得られ、仏の不思議な力によって寿命《いのち》を延し、その間また多くの人のために、この法華経を説かれた。常不軽菩薩を罵った思いあがった人たち(四衆)は、この菩薩の教えにみちびかれ、仏の道に励むようになった。常不軽菩薩は命終って無数の仏にお値いし、この経を説いて、はかり知れぬ福《しあわせ》を得、次第にその功徳を積んで、ついに仏となられた。その常不軽菩薩とはこの私の過去世の姿である。時にかの四衆はこの菩薩が「お前たちは、やがて仏になる」という言葉を聞いた因縁で、数かぎりない仏にお値いした。それは今この道場に集っている、菩薩や五百人の人々、並びに出家・在家の男女など、この私の説法を聞いているものがそうである。私は過去世においてこの人々に勧め、この法華経を聴き、持《たも》たしめ、開示悟入《かいじごにゅう》(第二章・参照)して人々を教え、究極のさとりに入らしめた。かく生れかわり死にかわりこの法華経を受持してきた。遙かなる昔から遙かな時を経てこの法華経を聞くことを得、遙かなる昔から遙かなる時を経てもろもろの仏は正にこの法華経を説きたもうた。以上のような次第を知るならば、修行者よ、仏なきあと、この法華経を聞いて、誠心誠意この法華経を信じ、毫《ごう》も疑うような心を持ってはならない。まごころこめてこの法華経を説きなさい。そうすれば、生れかわり死にかわっても仏にお値《あ》い出来、仏となることができるでしょう、と。

（附記）天台大師の法華経の解釈である「法華文句」にこの常不軽菩薩について次のような一節があります。

「問う『釈迦は出世して踟蹰《ちちゅう》して説かず。常不軽は一たび見て造次《ぞうじ》にして而も言うは何ぞや』答う『本《もと》、已《すで》に善あり、釈迦は小を以て而も之を将護したもう。本、未だ善あらざれば、不軽は、大を以て而も強《しい》て之を毒す（而強毒之《にごうどくし》）』云々」と。

文章の意味は「問う、釈迦はこの世に出現して、ためらって（踟蹰）やっと法華経をお説きになった。不軽は一見、人を見れば、すぐに（造次）『軽慢《きょうまん》せず』といったのはどういうわけだ。答えよう、釈迦はその教えを受ける人たちに本《もと》から仏になれる種をもっていたので（本已有善《ほんいうぜん》）小乗から大乗へと順々に教えみちびかれた。ところが不軽の場合、相手に仏となる種がなかった（本未有善《ほんみうぜん》）ので、いきなり大乗をもって強いてこれを毒せられた（而強毒之《にごうどくし》）のである」と。

ここに本已有善と本未有善の問題、それは仏の在世と末法の人々との違いであり、ここに日蓮聖人の強調された下種《げしゅ》（仏の種を下《くだ》す）の問題があるのです。

また常不軽菩薩の態度には人間に本具《ほんぐ》の仏性《ぶっしょう》の問題が考えられます。

さらに江戸時代の禅僧、越後の良寛は、殊のほか、この常不軽菩薩を重視し「朝に礼拝を行じ、暮にも礼拝す、ただ礼拝を行じてこの身を送る、南無《なむ》帰命《きみょう》 常不軽《じょうふきょう》、天上天下《てんじょうてんげ》唯《た》だ一人」と誦《じゅ》しています。

また生涯を法華経の信仰に捧げた農民詩人宮沢賢治の「雨ニモマケズ」の詩は、この常不軽菩薩の精神に貫かれています。

二十一、神力を現じ地涌《じゆ》の菩薩に滅後の弘法《ぐほう》を付嘱《ふぞく》す(如来神力品《にょらいじんりきほん》)

①地涌の菩薩、滅後の弘法を誓う

その時、はかり知れぬ数多くの地より湧出《ゆじゅつ》せる大菩薩たちは、仏のみ前で、一心に合掌し、仏の尊顔《そんげん》を仰いで次のように申しあげた。

「仏よ、我ら、仏なきあと、この娑婆世界はもとより、仏の身を分たれた数多くの仏たちの世界で、その数多くの仏たちのおなくなりになったところで、この法華経を広く説きましょう。というのは、我らもまた真浄大法《しんじょうだいほう》(二乗に対して真、染《けがれ》を離るるが故に浄、一乗妙法なるが故に大法)を得て、受持《じゅじ》・読《どく》・誦《じゅ》・解説《げぜつ》・書写《しょしゃ》し、仏の大恩にむくいたいと思います」と。(天台大師はこれを「発《ほっ》誓《せい》」という)

②神力を現じたもう

この時仏は、この娑婆世界で仏さまにつき従ってきた文殊菩薩を始めとする菩薩たちや、四衆《ししゅう》など、すべての人々の前で仏の不思議な力(神力)をあらわされました。

①仏は広い長い舌を出して、その舌は梵天《ぼんてん》に達した(舌を出すとは開三顕一《かいさんけんいち》、開近顕遠《かいごんけんのん》の法華経の

説がいつわりでないことを示す。梵天とは、迷いの世界を欲界《よっかい》、色界《しっかい》、無色界《むしきかい》と分つうちの色界の初禅天《しょぜんてん》にあたる。経典によれば、それは千二十四万由旬《ゆじゅん》の高さにあるという。これを出広長舌《すいこうちょうぜつ》という。）

②身体《からだ》中の毛孔《けあな》から光を放ち、その光は十方世界を照らしたもうた。折柄、多くの宝樹のもとにいらっしゃった仏たちも、長広舌を出し無量の光を放ちたもうた。釈迦牟尼仏および宝樹のもとのもろもろの仏が、かく神力をあらわしたもうこと百千年をこえた、という。（通身放光《つうしんほうこう》という）

③かくてその舌を納め、一同共に「咳払《せきばら》い」をされた。（これから語ろうとする状態。一《いち》時警欬《じきょうがい》という。）

④一同、指を弾《はじ》いて音を出された。（歓喜《かんぎ》の時、指を弾くのはインドの習慣。倶供弾指《くぐたんじ》という。）

⑤この咳払《せきばら》いと、指を弾く音が十方の世界にみちみちて、大地は、六種に震動した。（動《どう》、起《き》、涌《ゆう》、覚《かく》、震《しん》、吼《こう》の六種。すべての人の六根《ろっこん》を動かして清浄《しょうじょう》なる事を得さしむ。地六種動《じろくしゅどう》という）。

⑥そこにいた八部衆（天《てん》、竜《りゅう》、夜叉《やしゃ》、乾闥婆《けんだつば》、阿修羅《あしゅら》、迦楼羅《かるら》、緊那羅《きんなら》、摩睺羅伽《まごらが》）などの人類以外のものや、人類は、この仏の不思議な力によって、みなこの娑婆世界のかぎりない宝樹のもとにいらっしゃるもろもろの仏を見、釈迦如来と多宝如来がともに地より涌出《ゆじゅつ》した宝塔のなかに坐しておられるのを見、またかぎりない菩薩や四衆《ししゅう》の人たちが、この釈迦如来をとり囲んでいるのを見た。これを見おわって、一同これまでになく大いなる喜びを感じた（普見大会《ふけんだいえ》という）。

⑦大空の中から大声に唱えて言うには「このかぎりない世界を過ぎて国がある。娑婆と名づけ

る。その世界には、釈迦牟尼仏という仏がいらっしゃって法華経をお説きになった。お前たち、まごころをこめて信仰しなさい。また釈迦牟尼仏の大恩に報いなさい」と。（空中唱声《くうちゅうしょうせい》という）

⑧数多くの人々は、大空の中のこの声を聞いて合掌して娑婆世界に向って「南無釈迦牟尼仏、南無釈迦牟尼仏」と。（咸皆帰命《げんかいきみょう》という）

⑨この時、いろいろの華やお香、瓔珞《ようらく》や旛鉾《はたほこ》や天蓋《てんがい》、その他身《み》の飾《かざ》りの宝物を娑婆世界に向って散じ、そういうものが十方から集ってちょうど雲のようで、それが大きな宝の帳《くばり》となって仏の上を掩《おお》うた。（遙散諸物《ようさんしょもつ》という）

⑩その時、十方世界は浄土《じょうど》も穢土《えど》もなく平等な一つの仏の世界となった。（通一仏土《つういちぶつど》という）

③地涌の菩薩への別付嘱

神力を現じ終られて、仏は、大地から湧出《ゆじゅつ》されたはかり知れぬ多くの菩薩たちの上首《じょうしゅ》である上《じょう》行菩薩《ぎょうぼさつ》に告げて申された――

「もろもろの仏の不思議な力は、かくの如くはかり知れぬ不思議なものである。この不思議な力をもってしても、この法華経を後《のち》の世に付託《ふたく》するため、その功徳を説くこと、どんなに長い歳月をかけても、なお尽くすことはできない。だが、要点をとって述べるならば、仏の説かれた、あらゆる教えの究極の絶対の真理（如来一切所有の法）、その絶対の真理のあらわれとしてあらゆる人を救われる不思議な働き（如来一切自在の神力）、いつ、いかなる時にも、いかなる人にも適切な指導をされる、その根抵にある仏の智慧（如来一切秘要の蔵）、仏がその真理、不思議な働き、智慧によって実行された事の一切（如来一切甚深《じんしん》の事《じ》）。これらはみなこの法華経において説き明かされてある。（天台大師はこの一節によって法華玄義《ほっけげんぎ》に、五重玄義《ごじゅうげんぎ》を説かれた。即ち妙《みょう》（所有の法）、体《たい》（秘要の蔵）、宗《しゅう》（甚深の事）、用《ゆう》（自在の神力）、教《きょう》（宣示顕説）である。またこの一節を結要付嘱《けつようふぞく》の文という）
（如来一切所有《にょらいいっさいしょう》の法《ほう》は「法」、如来一切自在神力《にょらいいっさいじざいじんりき》は「妙」、如来一切秘要《にょらいいっさいひよう》の蔵《ぞう》は「蓮」、如来一切甚深《にょらいいっさいじんじん》の事《じ》は「華」、宣示顕説《せんじけんぜつ》は「経」、つまり妙法連華経を意味している）

④法華経のあるところ、これ道場なり

以上のような次第であるから、お前たち、仏なきあと、この法華経を一心に受持《じゅじ》、読《どく》、誦《じゅ》、解《げ》説《せつ》、書写《しょしゃ》し、法華経の説くところの如く修行すべし。いたるところ、どこであれ、この法華経を受持、読、誦、解説、書写して、法華経の説くところの如く修行するところ、あるいはこの法華経の教えの弘まっているところ、園の中でも、林の中でも、樹の下でも、僧房でも、在家の宅でも、立派な殿堂でも、あるいは山や谷、広い野原であっても、この法華経こそ仏そのものなのだから、そこに塔をたてて供養すべきである。というのは、この法華経の説くところの如く修行する、その場がそのまま道場なのである（即是道場《そくぜどうじょう》）。

もろもろの仏たちは、そこで無上のさとりを得られ、そこで法を説き、そこでおなくなりになったからである。

（阿含経に、仏の誕生地、さとりの地、初めての説法の地、なくなったところに塔をたてよとある。法華経の説くが如く修行するところ、まさにこの四つの地に相当するという意）

⑤偈をもって重説す

その時、仏は以上のことを重ねて偈をもってお説きになった―

世の救い主である仏は、人々を悦ばそうと不思議な力を現された。舌は高く梵天にいたり、その身よりかぎりない光を放ち、仏の道を求めるもののために、かつてない姿を示された。もろもろの仏の咳払い、指を弾かれる音は、ひろく十方の国々にひびきわたり、大地は六種に震動した。仏なきあと、よくこの法華経を受持するものを、もろもろの仏はお喜びになって、かく不思議な力を現じられた。仏なきあと、この法華経の弘通を付託せんと、法華経を受持するものをどんなに長い歳月讃め称えたとて尽くせるものではない。法華経を受持する人の功徳はかぎりなく、きわまりない。十方の大空のかぎりないのと同じである。この法華経を受持するということは、そのままこの私や多宝仏、及び私の身を分った数多《あまた》の仏、さらには私の教えみちびいた多くの菩薩を見ることとなのである。よくこの法華経を受持《じゅじ》するのは、私や私の身を分った仏たち、そして多宝仏を喜ばせるものであり、過去、現在、未来の十方の仏たちを見、供養し、喜ばせることができる。もろもろの仏が、道場に坐しておさとりをお開きになったそのさとりの内容を、この法華経を受持する者は、遠からずさとることができる。よくこの法華経を受持するものは、あらゆる仏の教えの意味あいやそこに用いられている言葉を説くことが自在なのは、ちょうど空を吹く風が何の妨げもないのと同じである。仏なきあと、仏の説かれた経典のいわれや順序を知って、その意味あいに応じて仏さまのお心のままに説く人は、太陽や月の光がもろもろの闇を除くように、この人はこの世の中で多くの人々の心の闇を除き（如日月光明《にょにちがっこうみょう》、能除諸幽冥《のうじょしょゆうみょう》、斯人行世間《しにんぎょうせけん》、能滅衆生闇《のうめつしゅうじょうあん》）、多くの菩薩たちを究極的に一仏乗の道に入らせるであろう。だから智慧ある者よ、この功徳を聞いて、※私のなきあと、この法華経を受持せよ、この人が仏の境界《きょうかい》に入ること決してまちがいないこと。（於我滅度後《おがめつどご》、応受持此経《おうじゅじしきょう》、是人於仏道《ぜにんのうぶつどう》、決定無有疑《けつじょうむうぎ》）

（※私のなきあと、以下慈覚大師円仁は法華経一部の要文という。十界は十界のままに本来成仏の妙相があることが決定《けつじょう》しているという意。また日蓮聖人は五綱の教判《きょうはん》をたてられた。即ち教《きょう》〔仏所説経〕、機《き》〔因縁〕、時《じ》〔如来滅後〕、国《こく》〔因縁〕、序《じょ》〔次第〕である）

二十二、総じて菩薩に付嘱す(嘱累品《ぞくるいほん》)

①総じて菩薩に付嘱す

その時、仏は座をたって不思議な力を現じたもうた。そして右手をもって多くの菩薩たちの頂《いただき》をなでていわれるには「私は、はかり知れぬ長い歳月を経て、得がたい無上のさとりを修得することができた。これを今、お前たちに付託《ふたく》する。お前たちは、一心にこの法華経を広くひろめ、多くの人たちを利益《りやく》すべし」と。

このように三たび多くの菩薩たちの頂をなでて、こう申された「私は、はかり知れぬ長い歳月を経て、得がたき無上のさとりを修得した。今、お前たちに付託する。お前たちはこの法華経を受持《じゅじ》・読《どく》・誦《じゅ》し、広くこの法華経をひろめ、あらゆる人々にこの法華経を広く知らしめよ。というのは、仏は大いなる慈悲の心で、もの惜しみなく、また何の畏《おそ》るることもなく、すべてのものを救いたもう仏の智慧、絶対の真理をさとった如来の智慧、本具《ほんぐ》の仏性《ぶっしょう》の発展した自然《じねん》の智慧を与える。仏は、あらゆる人々に真の智慧を施すものである。お前たちも、またこの仏のごとく、仏の教えを学ぶべきである。決して教えを施すのにもの惜しみすることなかれ。のちの世に、この仏の智慧を信ずるものには、この法華経を説いて、広く知らしむべし。その人たちに仏の智慧を得させんがためである。

もし、人々のなかに、この法華経を信じ、受持しようとしないものがあれば、法華経以外の仏の心のこもった教え（天台いわく、蔵《ぞう》・通《つう》・別《べつ》・円《えん》のうちの別教《べっきょう》）を説いて利益《りやく》を得しむべきである。

お前たちよ、以上のように法華経の弘通《ぐづう》に努めるならば、これこそがもろもろの仏の恩に報いるものである」と。

②菩薩たちの喜びと誓い

この時、多くの菩薩たちは、仏のことばを聞いて、心に大いなる喜びを感じ、心からなる仏への尊敬の念をもって、合掌してともども仏に申しあげた「仏の仰せの通り、まさにその通りに実行いたします。どうか仏よ、御心配なさいませんように」と。

もろもろの菩薩たちは、このように三たびともどもに声をあわせて申しあげた「仏の仰せの通り、まさにその通り実行いたします。どうか仏よ、御心配なさいませんように」と。

③分身の諸仏・本土にかえる

その時、仏は十方から集って来られていた身を分けた仏たち（分身《ふんじん》の諸仏《しょぶつ》）を、それぞれの国にかえそうと思ってこう申された――

「それぞれの仏たちよ、それぞれの国におかえりなさい。多宝仏の塔も、もとの如くその扉を閉じられよ」と。

（かくて、第十一宝塔涌出《ほうとうゆじゅつ》に始まった虚空会《こくうえ》の説法は終って、もとの霊鷲山《りょうじゅせん》の説法にかえる。中でも第十五章「菩薩、大地より涌出」よりこの第二十二章にいたる八章は、仏の永遠性を宣言すると共に、付託の儀式を通して、未来の人々の成仏を約束した最も重要な章である）

④一同歓喜す

この仏のみことばを聞いて、十方から集って来られていた数多《あまた》の仏たちや多宝仏、また大地より涌出《ゆじゅつ》された上行菩薩をはじめとする、はかり知れぬ多くの菩薩たち、さらには舎利弗《しゃりほつ》を始めとする声聞衆《しょうもんしゅう》、在家、出家の男女たち、またまた天・人・阿修羅《あしゅら》など、仏の説かれるところを聞いて、心に大いなる喜びを感じた。

（永遠の仏すなわち久遠《くおん》の本仏に教えみちびかれ、大地より涌出された、菩薩を本化《ほんげ》の菩薩といい、第二十一章「神力を現じ、地涌《じゆ》の菩薩に滅後の弘法《ぐほう》を付嘱す」（神力品）においてはこの本化《ほんげ》の菩薩への別《べっ》付嘱《ぷぞく》が行われ、第二十二章「総じて菩薩に付嘱す」（嘱累品）では、迹門《しゃくもん》の仏に教えみちびかれた文殊《もんじゅ》、普賢《ふげん》、観音《かんのん》、勢至《せいし》、弥勒《みろく》、薬王《やくおう》、薬上《やくじょう》等の迹化《しゃっけ》の菩薩に対する総付嘱《そうふぞく》であるとする）

二十三、薬王菩薩の前生《ぜんしょう》物語（薬王菩薩本事品《やくおうぼさつほんじほん》）

①日月浄明徳仏のむかし

宿王華《しゅくおうけ》菩薩が仏におたずねします――

「仏よ、薬王菩薩はこの娑婆世界で縁に従って自在に多くの人々を救っていらっしゃいます。おそらくかぎりない難行苦行を重ねられたことでしょう。どうかその事情をお話し下さい。それを聞けば数多《あまた》の人々は必ずや心に大きな喜びを感ずるでしょう」と。

そこで仏は宿王華菩薩に答えられて次のように話された。

それはそれは、遙かに遠い昔、日月浄明徳仏《にちがつじょうみょうとくぶつ》という仏がいらっしゃった。その仏にはまた多くの菩薩や声聞がつき従っておられた。

その時、日月浄明徳仏は、一切衆生憙見《いっさいしゅじょうきけん》菩薩をはじめとする多くの菩薩や声聞のために法華経をお説きになった。この一切衆生憙見菩薩は、つとめて苦行を修し、努力・精進をかさね、長い歳月のすえ、現一切色身三昧《げんいっさいしきしんざんまい》（普現三昧《ふげんざんまい》ともいい、相手に応じ、あらゆる適当な姿をあらわし教化できる心の状態をいう）を得られた。この三昧《さんまい》を得られ、大いに喜んで思われるには「私が現一切色身三昧を得たのは、ひとえに法華経を聞くことができたからだ。日月浄明徳仏と法華経に供養しよう」と。

そこで早速三昧に入って、マンダラケ、マカマンダラケ等をふらし、それは虚空《こくう》に満ちて雲の如くであった。また高価な香をふらして仏を供養された。その供養を終って、三昧よりたって考えられるには「かく不思議な力で仏を供養したが、己れの身をもって供養するにこしたことはない」と。

そして勝れた香木、香油を飲み、また身に塗り、日月浄明徳仏のみ前で立派な衣を身にまとい、香油を身に濯《そそ》ぎ、深重《じんじゅう》の仏恩に報じたいとその身を燃された。その光はあまねく世界を照した。

この時、もろもろの仏は讃《ほ》めて言われた——

「すばらしいことだ。すばらしいことだ。これこそほんとうの精進《しょうじん》であり、これこそ真の法をもって仏に供養するものである(是《ぜ》真精進《しんしょうじん》是名《ぜみょう》真法供養《しんぽうくよう》—天台大師、この一句にて豁然《かつぜん》と大悟《たいご》)。華《け》・香《こう》・瓔珞《ようらく》はじめあらゆる物を以て供養すとも、あるいは国や城や妻子を布施したとしても、とても及ぶところではない。これこそ第一の施しである。あらゆる布施の中の最尊最上のものである。というのはこれこそが法をもってもろもろの仏に供養するものであるから」と。

その身燃《も》ゆること千二百年であったという。かくてその身は燃え尽きた。

②転身して報恩供養

一切衆生憙見菩薩は以上のように焼身《しょうしん》供養《くよう》して命尽きたのち、また日月浄明徳仏の国に生れた。今度は浄徳王の家に化生《けしょう》（托《たく》するところなく忽然《こつぜん》と生ずる）し、父、浄徳王に次のように告げた――

「大王よ、私は日月浄明徳仏のもとで現一切色身三昧《げんいっさいしきしんざんまい》を得、精進努力してこの身を捨てました。大王よ、日月浄明徳仏は今も現にいらっしゃいます。私は昔、日月浄明徳仏を供養し、すべての人の言葉をよく聞いて適切な教えを説く力（解一切語言陀羅尼《げいっさいごごんだらに》）を得、数多くの法華経の偈を聞きました。大王よ、私は今また改めてこの仏に供養いたします」と。

そう言いおわって虚空に昇り、仏のみもとにいたって申しあげるには――

「み仏のお姿いとも気高く、その光は十方を照らし給う。私はかつてみ仏に供養しましたが、今また親しくお仕えしようと思います」と。

その時、日月浄明徳仏は、一切衆生憙見菩薩に次のように仰せられた――

「私はいよいよなくなる（涅槃）時がやってきました。床をしつらえてください。今夜私はなくなるでしょう」と。さらに言葉をついで――

「私は仏法をあなたに付託します。もろもろの大弟子、法華経、その他もろもろのものをすべてあなたに付託します。私なきあと、私の舎利（お骨）もあなたに託します。どうか多くの塔を建てて、ひろく供養してください」と。

日月浄明徳仏はこう言いのこして、夜半おなくなりになった。一切衆生喜見菩薩は、仏がおなくなりになって悲しみ悩み、仏を恋い慕われた。かくて菩薩は、栴檀《せんだん》の木を薪《たきぎ》として仏身を火葬に付し、その舎利を八万四千の宝瓶《ほうびょう》に納め、八万四千の塔をたてられた。その塔は高さ梵天にいたり、塔上の傘蓋《さんがい》（表刹《ひょうせつ》）を飾り、もろもろの旗や天蓋《てんがい》が垂れ、立派な鈴がかけられてあった。

このように八万四千の塔をつくり、美しく飾られたけれど、なお満足できず、もっと供養する方法はないかと考えられた。

そこで、弟子の菩薩たちを始め、多くの人々に告げて言われた――

「お前たち、仏に供養するとはいかなることか、よく考えてみるがよい。私は今、日月浄明徳仏の舎利に対する真の供養を行おうと思う」と。

こうおっしゃって、一切衆生喜見菩薩は、八万四千の塔の前で、多くの功徳を積まれたすばらしいお姿の臂《ひじ》を燃すこと七万二千年、かくて仏に供養された。この時、はかり知れぬ多くの人々は無上のさとりを求め、現一切色身三昧（相手に応じ、あらゆる適当な姿をあらわし教化できる心の状態）を得られた。

この時、多くの菩薩たちは、一切衆生喜見菩薩の美しいお姿に臂《ひじ》のないのを見て、一同深く悲しみこう申しました――

「一切衆生憙見菩薩《いっさいしゅじょうきけん》は、我らの師である。我らをみちびきたもうた。だのに今臂《ひじ》を焼いて、不具《ふぐ》となられた」と。

そこで一切衆生憙見菩薩は、みんなの前で一つの誓いをたてて言われるには――

「私は両の臂を捨てました。だが両の臂を捨てて仏に供養した功徳によって仏の金色《こんじき》の身を得るでしょう。それが虚偽でない証拠に私の臂はもとのようになるでしょう」と。

こう言い終られると、両の臂はもとのようになった。これはこの菩薩の福も徳もそなわり、不《ふ》惜身命《しゃくしんみょう》の信によって得た智慧がすぐれていたからです。この時、この広い世界も感動して六種に揺れ動き、天からは立派な華がふり、一同かつてない喜びをおぼえた。

③これ薬王菩薩の前生なり

ここで仏が宿王華菩薩《しゅくおうけ》に告げて言われるには――

「お前たち、この一切衆生憙見菩薩とは一体誰のことだと思う。今、ここにいる薬王菩薩の過去世の姿である。仏の道を修行するには身を捨ててこのように長い長い間、善い果報《むくい》を得るための努力を積みかさねなければならないのだ。宿王華《しゅくおうけ》菩薩よ、無上のさとりを得んと心掛けるものは、手の指あるいは足の指を燃して仏に供養せよ。(梵網経にいわく、若し身臂指《みひじゆび》を焼いて諸仏に供養せざれば、出家の菩薩にあらず)。たとえ国や城、妻子、あるいはこの広い世界のあらゆる宝をもって供養したとて、これには及ばない。あるいはまたこの広い世界に満ちるほどの宝を、仏及び大菩薩などに供養したとて、この功徳は法華経のたとえ一句を受持するものの功徳に及ばない。

④薬王品の十喩

(1)どんなに広い、どんなに長い河があったとて、海の広さには及ばない。法華経もまたそうである。数限りない仏の教えのなかで、法華経こそ最も源深く、その仏の慈悲の行きわたらぬところとてない。

(2)この娑婆世界には、いたるところ数知れぬ多くの山々があるが、何といってもその中心にある須弥山《しゅみせん》こそが第一である。この法華経もまたそうである。あらゆる経典のなかで、すべての経典を統一した法華経こそが最も貴い。

(3)夜空にまばたく数知れぬ星は多かろうとも、月にまさるものはない。この法華経もまたそうである。数知れぬ多くの経典のなかで、この世を照らすこと法華経に越したものはない。

(4)太陽がこの世のあらゆる闇を照らすように、この法華経もまたそうである。法華経はこの世のあらゆる邪《よこし》まな見解を打ち破るものである。

(5)この世のありとしあらゆる王のなかで、転輪聖王《てんりんじょうおう》が最もすぐれているように、この法華経もまたそうである。あらゆる経典のなかで最も尊いものである。

(6)須弥山《しゅみせん》を囲んで四方に各八天、あわせて三十二天があるが、中央にある帝釈天こそが、三十三天の王であるように、この法華経もまたそうである。諸経中の王である。

(7)この娑婆世界を統領する大梵天王は、この娑婆世界に住む生きとし生けるものの父であるように、法華経もまたそうである。賢《けん》(なお煩悩《ぼんのう》を断じ切っていないもの)、聖《しょう》(断じたもの)、学《がく》(なお学ぶべきもののあるもの)、無学《むがく》(小乗のさとりを得たもの)や、菩薩の心をおこしたものの父である。

(8)あらゆる迷える人々のなかで、小乗《しょうじょう》の教えを学び、迷いの世界を離れた声聞《しょうもん》(須陀洹《しゅだおん》、斯陀含《しだごん》、阿那含《あなごん》、阿羅漢《あらかん》)や縁覚《えんがく》が第一であるように、この法華経もまたそうである。あらゆる仏の教え、菩薩の教え、声聞の教えのあるなかで、この法華経こそが第一である。だからこの法華経を受持する者もまた、あらゆる人々のなかで第一である。

(9)あらゆる声聞や縁覚のなかで菩薩こそがひときわ高く勝れているように、この法華経もまたそうである。あらゆる仏の教えのなかで第一である。

(10)この法華経に説かれる仏は久遠《くおん》の本地《ほんじ》を明かされた永遠の仏で、余経の説くところに遙かに超絶している。そのようにこの法華経こそは諸経中の王である。

⑤法華経の功徳

宿王華《しゅくおうけ》菩薩よ、この法華経はあらゆる人々の苦悩を除き、あらゆる人々を救うものである。この法華経はあらゆる人々を利益《りやく》し、それぞれの願を満足するものである。それはちょうど、①清澄な水をたたえた池が、ノドの渇いた人の望みを満たすように、②寒さに苦しんでいる人が火を得たように、③裸の人が衣を得たように、④商いをしている人がよい指導者を得たように、⑤子どもが母にであったように(如子得母《にょしとくも》)、⑥川を渡ろうとしてちょうど渡し船があったように(如渡《にょと》得船《とくせん》)、⑦病人に良い薬があったように、⑧暗闇に明りを得たように、⑨貧しい人が宝を得たように、⑩人民がすばらしい王に出あったように、⑪海外貿易をする人が良い船を得たように、⑫燈《とも》火《しび》が暗を照すように(以上十二喩)この法華経もまたあらゆる人々の苦しみや病気の痛みを除き、あるいは一切の人を迷いの絆《きずな》から解き放つであろう。

もしこの法華経を聞くことを得て、自分が書写するばかりでなく、他人にも書写させたならばその功徳は仏の智慧をもってもはかり知れぬ大きいものがある。

⑥薬王菩薩本事品を聞くものの功徳

もし人あって、この薬王菩薩本事品を聞く人は、はかり知れぬ大きな功徳を得る。もし女性でこの薬王菩薩本事品を聞いてよく受持するものは、生れかわって再び女性となることはない。仏なきあと、第五の五百歳(日蓮聖人「如来滅後後五百歳《にょらいめつごごごひゃくさい》」の典拠《てんきょ》)に、女性でこの薬王菩薩本事品を聞いて、教えの通りに修行(如説修行《にょせつしゅぎょう》)したならば、命終って、安養浄土《あんようじょうど》の阿弥陀如来が、多くの菩薩たちに囲まれていらっしゃる処に行き、蓮華の座に生れるであろう。そしてもろもろの仏たちは共に讃《ほ》めて「すばらしいことだ。よく釈迦牟尼仏のみもとでこの経を受持し、読誦し、他人のためにも説いた。その功徳は、はかり知れない。火さえも焼くことが出来ず、水さえも流し去ることはできない（火《か》不《ふ》能《のう》焼《しょう》、水《すい》不《ふ》能《のう》漂《ひょう》）。あなたの功徳は、多くの仏さえも説き尽くすことは出来ない」と。

もしこの薬王菩薩本事品を聞いて、心に深い喜びを感ずる人は、この世でその人の口のなかから常に青蓮華《しょうれんげ》の香を出し、身体中の毛孔《けあな》から常に香木の牛頭栴檀《ごずせんだん》の香を出すであろう。この薬王菩薩本事品の功徳は以上の通りである。宿王華菩薩よ、この薬王菩薩本事品を汝に付託しよう。わがなきあと、第五の五百歳に、この世界に広く伝え、決して断絶せしめてはならない。というのは、この経はこの広い世界のすべての人の病の良薬である。もし病気の人があっても、この経を聞くことが出来たならば、病はたちどころに癒《い》え、不老不死となるであろう（此経則為《しきょうそくい》、閻浮提《えんぶだい》人《にん》、病之良薬《びょうしろうやく》、若人有病《にゃくにんうびょう》、得聞是経《とくもんぜきょう》、病則消滅《びょうそくしょうめつ》、不老不死《ふろうふし》）、と。

この薬王菩薩本事品を仏がお説きになった時、八万四千の菩薩たちは、すべての人の言葉をよく聞いて適切な教えを説く力（解一切衆生語言陀羅尼《げいっさいしゅじょうごごんだらに》）を得られた。

⑦多宝如来、讃めたもう

多宝如来は宝塔の中から宿王華菩薩を讃めて言われた――

「すばらしいことだ。宿王華菩薩よ、お前は不思議な功徳を完成し、よくこのようなことを聞いて、かぎりない人々を利益《りやく》した」と。

二十四、妙音菩薩、三十四身に身を現《げん》ず（妙音菩薩品《みょうおんぼさつほん》）

前章、薬王菩薩本事品に説かれた「現一切色身三昧《げんいっさいしきしんざんまい》」（相手に応じ、あらゆる適当な姿をあらわし教化できる心の状態）を得たものは、どんな働きを示すことが出来るかを「妙音菩薩品」「観世音菩薩普門品」に説く。

①妙音菩薩、法華経を求めて娑婆世界に向う

その時、三十二の妙相をそなえた釈迦牟尼仏は、頂《いただき》の髻《もとどり》と、眉間《みけん》の白毫相《びゃくごうそう》から光を放ち、東方百八万億ナユタのガンジス河の砂ほどの数多《あまた》の仏の世界を照らしたもうた。そのかぎりない広い所を過ぎて彼方に世界があって、その名を浄光荘厳《じょうこうしょうごん》といった。その国に、浄華宿王智如来《じょうけしゅくおうちにょらい》と名づける仏がおられた。かぎりない多くの菩薩たちに尊敬され、とりまかれて、その人々のために法を説いておられた。釈迦牟尼仏の照したもうた光が、その国を照した。

その浄光荘厳という国に妙音菩薩がおられた。久しい間、すでに多くの徳を積み、はかり知れぬ多くの仏を供養しお仕えし、深い智慧を得、法華三昧《ほっけざんまい》（法華経にすべての精神を集中する定《じょう》）を始め十六三昧、いやそれこそは、はかり知れぬ多くの三昧《さんまい》を身につけておられた。釈迦牟尼仏の放

ちたもうた光は、妙音菩薩の身を照らしたもうた。

妙音菩薩はこの時、浄華宿王智仏に申されるには――

「仏よ、私は娑婆世界に行って、法華経をお説きになる釈迦牟尼仏を礼拝し、身近かに御供養《ごくよう》したいと思います。また文殊菩薩、薬王菩薩、勇施《ゆうぜ》菩薩、宿王華《しゅくおうけ》菩薩、上行意菩薩、荘厳王《しょうごんのう》菩薩、薬上菩薩にお目にかかりたいと思います」と。

この時、浄華宿王智仏は妙音菩薩に告げて言われるには――

「妙音菩薩よ、娑婆世界というところは土地の高低があって平らかでなく、土石や山々があり、穢《けが》れが満ちている。また菩薩たちの姿もみすぼらしく小さい。ところがお前は四万二千由旬《ゆじゅん》（由旬は距離の単位で帝王一日行軍の里程、或は四十里という）、私は六百八十万由旬もある。そしてお前の身はまことに整って美しく、百千万の福があり、光明は光り輝いている。だから、娑婆世界に行くとすべて見劣りがするだろうが、だからといって決して賤《いやし》め軽んじてはならない」と。

かくて妙音菩薩は、座を起たず、三昧《さんまい》（禅定《ぜんじょう》）に入って、その力で釈迦牟尼仏のおられる霊鷲《りょうじゅ》山《せん》に程近く、八万四千の立派な蓮華を出現させた。その蓮華は黄金を茎《くき》とし、白銀を葉とし、金剛を芯《しん》とし、真赤な宝珠を台《うてな》とした。

この蓮華を見た文殊菩薩は、一体この瑞《ずい》（めでたいしるし）はどうして現れたのかと仏に問うた。これに対して仏は、妙音菩薩が、浄華宿王智仏の国から多くの菩薩たちとこの娑婆世界に来て、私を供養し礼拝し、また法華経を供養し聴聞するためにやってくるのだ、と答えられた。

そこで文殊菩薩はかさねておたずねします――

「妙音菩薩はどんないい功徳を積んでこうした不思議なお力を身につけられたのですか。どんな三昧を行ぜられたのでしょうか、どうかその三昧の名をお教え下さい。我らもまたその三昧を行じ、その菩薩のお姿のいかに美しいか、またその出処進退、身の行儀がいかに立派であるかを知りたいのです。どうか仏のお力で妙音菩薩がいらっしゃったら、是非お会いさせていただきたいものです」と。

そこで仏が文殊菩薩に言われるには――

「久しきむかしにおなくなりになった過去の仏である多宝如来(第十一章参照)が、お前たちのためにお姿をあらわされるだろう」と。

かくて多宝如来は妙音菩薩に告げて言われるには――

「菩薩よ、この娑婆世界に来たれ。文殊菩薩がお前に会いたいと言っているよ」と。

②妙音菩薩、娑婆世界に来る

かくて妙音菩薩は浄華宿王智仏のいらっしゃる浄光荘厳国から姿を消して八万四千の菩薩と共に出発された。途中通過された国々では大地は六種に揺れ動き、七宝《しっぽう》の蓮華をふらし、数多《あまた》の楽《がく》の音《ね》が奏でないのに自から鳴りひびいた。この菩薩の目は広大な青蓮華《しょうれんげ》の葉のようで、たとえどんなたくさんの月を合せても、そのお顔立ちのすばらしさには及ぶまい。身は黄金で、数知れぬ多くの功徳で飾られ、その徳いよいよ高く、光明はあまねく照り輝き、すべてのお姿は申し分なく、身の堅固《けんご》なること金剛の如く、勝れた大力ある那羅延《ならえん》（金剛力士のこと）のようであった。七宝の台《うてな》に乗って大空に昇り、地上七多羅樹（多羅樹、高さ四十九尺という）のところを、多くの菩薩たちにとりまかれ、娑婆世界の霊鷲山《りょうじゅせん》にやってこられた。到着されると七宝の台をおり、釈迦牟尼仏のみもとにいたり、頭面《ずめん》にみ足を礼し、まことに高価な瓔珞《ようらく》を仏に奉って申された――

「仏よ、浄華宿王智仏よりのごあいさつをお伝えします。『仏はおすこやかにいらせられますか。お身体におかわりございませんか。俗事繁多ではございませんか。人々の救済は容易でしょうか。むさぼり、いかり、おろかさ、ねたみ、ものおしみが多くはありませんか。父母に孝行しなかったり（父母に孝行ということは大乗経典になってでてくる。梵綱戒を始めとする）、僧を尊敬しなかったり、邪《よこし》まな見解をもったり、情欲に走ったりいたしませんか。人々はよく心の障《さわ》りを除くことが出来るでしょうか。また過去の多宝如来は宝塔にいらっしゃって法をお聴きになっていらっしゃるでしょうか』と。」

そして多宝如来にもごあいさつ申しあげ、多宝如来にお目にかかりたいものです、と申しあげた。

そこで、多宝如来は妙音菩薩に告げて言われるには――

「妙音菩薩よ、すばらしいことだ。お前はよく釈迦牟尼仏を供養し、また法華経を聴き、文殊菩薩に会うため、よくやってきた」と。

そこで華徳《けとく》菩薩が妙音菩薩はどんな功徳を積んでこうした不思議を現ぜられるのかと聞いたのに対し、仏が答えて言われるには——

③妙音菩薩、三十四身に身を現ず

「過去に雲雷音王仏《うんらいおんのうぶつ》という仏がおられ、その国を現一切世間《げんいっさいせけん》といい、その時代を喜見《きけん》といった。妙音菩薩は万二千年の間、十万種の雅《みやび》な音楽をもって雲雷音王仏を供養し、また八万四千の七宝の鉢をさしあげた。この因縁で今、浄華宿王智仏の国に生れ、このような仏の不思議な力をもっておられるのだ。その雲雷音王仏に楽《がく》をもって供養し、鉢をささげたのは、今ここにいる妙音菩薩である。この妙音菩薩はかつて多くの仏に供養し、永い間功徳を積み、ガンジス河の砂の数ほどの仏にお会いした。華徳菩薩よ、妙音菩薩は今ここにおられるが、この菩薩はあらゆる姿に身を現じて、いたるところで多くの人にこの法華経を説いておられるのである。そのあらゆる姿とは、いわゆる三十四身といわれる。すなわち①梵天②帝釈天③自在天④大自在天⑤天大将軍⑥毘沙門天⑦転輪聖王《てんりんじょうおう》⑧小王⑨長者⑩居士《こじ》⑪宰官《さいかん》⑫婆羅門⑬比丘⑭比丘尼⑮優婆塞《うばそく》⑯優婆夷《うばい》⑰長者《ちょうじゃ》婦女《ぶにょ》⑱居士婦女《こじぶにょ》⑲宰官婦女《さいかんぶにょ》⑳婆羅門婦女《ばらもんぶにょ》㉑童男㉒童女㉓天㉔竜㉕夜叉《やしゃ》㉖乾闥婆《けんだつば》㉗阿修羅《あしゅら》㉘迦楼羅《かるら》㉙緊那羅《きんなら》㉚摩睺羅伽《まごらが》㉛地獄㉜餓鬼㉝畜生㉞女身、以上三十四身の凡夫《ぼんぶ》と四聖《ししょう》（声聞《しょうもん》、縁覚《えんがく》、菩《ぼ》薩《さつ》、仏《ぶつ》）にそれぞれの相手に応じて変化《へんげ》してこの娑婆世界でこの法華経をお説きになっている。妙音菩薩が仏の不思議な力、智慧の力を完成しておられること以上のようである、と。

④妙音菩薩、本土に帰る

この妙音菩薩品を説かれた時、妙音菩薩のお伴をして娑婆世界にこられた八万四千人の人たちは、みな現一切色身三昧《げんいっさいしきしんざんまい》（註・前掲）を得られ、この娑婆世界のかぎりなく多くの菩薩たちは三昧《さんまい》（禅定《ぜんじょう》・精神統一）を得、また陀羅尼《だらに》（善を勧め、悪を止む不思議な力をもつ言葉）を得た。

かくて妙音菩薩は釈迦牟尼仏及び多宝如来を供養し浄華宿王智仏《じょうけしゅくおうちぶつ》のいます浄光荘厳国《じょうこうしょうごんこく》に帰られた。途中、経過された国々では、大地が六種に揺れ動き、宝の蓮華がふり、かぎりない数々の妙《たえ》なる調べが流れた。

かく本土に帰り、浄華宿王智仏に申されるには――

「私は娑婆世界で多くの人々に利益を与え、釈迦牟尼仏及び多宝如来を親しく礼拝、供養し、文殊菩薩、薬王菩薩、得勤精進力菩薩《とくごんしょうじんりき》、勇施菩薩《ゆうぜ》にお目にかかり、私につき従った八万四千の菩薩に現一切色身三昧《げんいっさいしきしんざんまい》を得させました」と。

この妙音菩薩品をお説きになった時、四万二千の天子は迷いを離れて真理をさとりました。

二十五、観世音菩薩、三十三身に身を現ず（観世音菩薩普門品《かんぜおんぼさつふもんぼん》）

①いかなる因縁によって観世音と名づく

イ、問

その時に、無盡意《むじんに》菩薩は、座よりたち、右の肩をあらわにし、合掌して仏に問いたてまつった。

「仏よ、観世音菩薩は何の因縁あって観世音と名づけたてまつるのですか」と。

ロ、答

仏は無盡意菩薩に次のように答えられた。

はかり知れぬ多くの人々が、いろいろの苦しみに悩んでいる時、この観世音菩薩のことを聞いて、一心にその名を称《とな》えたならば、観世音菩薩はその声（名号《みょうごう》）を聞いて、その苦しみ悩みを知り、その要求のある所を知って、その苦しみ悩みから救われることができる。

もしこの観世音菩薩のみ名を称える者は、たとえ大火に見舞われようとも、火もその人を焼くことができない（火難）。もし大海に漂流しても、観世音菩薩のみ名を称えたならば浅いところへ行きつくであろう（水難）。もし金・銀・瑠璃《るり》・硨磲《しゃこ》・碼碯《めのう》・珊瑚《さんご》・琥珀《こはく》・真珠《しんじゅ》等の宝を求めて大海を行く時、嵐にあって鬼（羅刹《らせつ》）のような恐しい者のいる国に漂着した時、なかの誰か一人が観世音菩薩のみ名を称えたならば、一同この鬼の難を免《のが》れるであろう（羅刹難《らせつなん》）。また人あって、まさに殺されようとした時、この観世音菩薩のみ名を称えたならば、刀は段々に折れて、難を免れるであろう（王難）。またこの世に満てる極悪人（夜叉《やしゃ》）や鬼（羅刹《らせん》）たちが、寄ってたかって悩ませようとも、この観世音菩薩のみ名を称えたならば、その悪鬼たちも恐ろしい顔で睨みつけることも出来ないし、まして害することもできない（鬼難《きなん》）。また、たとえ罪があろうがなかろうが、ともかく牢に入れられ手桎足枷《てかせあしかせ》をはめられ、鎖でつながれようが、この観世音のみ名を称えたならば、手桎足枷や鎖はみな断《た》たれて自由の身となるであろう（枷鎖難《かさなん》）。隊商の群れをひきいる商人が、大切な宝を積んで険しい路を行く時、盗賊たちに囲まれても、その中の一人が観世音菩薩のみ名を称えたならば、何の畏るることもない。観世音菩薩は人々に無畏《むい》（畏《おそ》れなきこと）を施したもうからである。だから観世音菩薩のみ名を称えるならば盗賊の難を免れることができる（怨賊難《おんぞくなん》）。

無盡意菩薩よ、観世音菩薩の大いなる徳はかくも勝《すぐ》れ、高く大きい。

またこの世で婬欲《いんよく》・瞋恚《しんに》（いかり）・愚痴《ぐち》の三毒に悩む人々も、常に観世音菩薩を敬い念じたならば、そうしたあさましい心が取除かれるであろう。

また女性があって、男の子が欲しい、女の子が欲しい、と思っている人があるなら、観世音菩薩を礼拝し供養しなさい。徳のある智慧すぐれた男の子や、見目うるわしく徳があり、多くの人に愛される女の子が生れるでしょう。

無盡意菩薩よ、観世音菩薩はかくもすばらしいお力をお持ちなのだ。観世音菩薩を礼拝し供養するものの福は決して空しくはない。だから人々はみな観世音菩薩のみ名を称えるがよい。

②観世音菩薩、三十三身に身を現ず（普門示現）

そこで再び無盡意《むじんに》菩薩は仏におたずねした。

「仏よ、観世音菩薩はこの娑婆世界でいかに自由にいたるところに姿をあらわし、人々のために、その人その人に適した教えを説いておられるのですか」と。

ここで仏は、観世音菩薩は、三十三身に身《み》を現《げん》じ、それぞれの相手に応じて然るべき姿で教えを説いておられるのだと説かれます。

その三十三身とは①仏②辟支仏《ひゃくしぶつ》（縁覚《えんがく》・独覚《どくかく》ともいう、縁にふれて自らさとるもの）③声聞《しょうもん》（仏の弟子）④梵王《ぼんのう》（インドの最高神で仏の守護神）⑤帝釈天《たいしゃくてん》（インドの神・インドラで仏の守護神）⑥自在《じざい》天《てん》（インドの神、仏教では凡夫《ぼんぷ》の世界を欲界・色界・無色界にわけるが、その欲界の主、他化自在天《たけじざいてん》のこと）⑦大自在天（同じくインドの神、仏教では色界の主、摩醯首羅天《まけいしゅらてん》のこと）⑧天大将軍（天上界の王を輔《たす》ける将軍）⑨毘沙門天（四天王の一、多聞天のこと、北方を守る）以上六天という⑩小王（天界の王に対し人間界の王をいう）⑪長者（資産家）⑫居士《こじ》（財を貯えた立派な人）⑬宰官《さいかん》（官吏）⑭婆羅門

（インドの四姓制度の最上位、もと司祭階級）⑮比丘（男性の出家者）⑯比丘尼（女性の出家者）⑰優《う》婆《ば》塞《そく》（男性の在家者）⑱優《う》婆《ば》夷《い》（女性の在家者）⑲長者婦女《ちょうじゃぶにょ》（長者の妻）⑳居士婦女（居士の妻）㉑宰官婦女（宰官の妻）㉒波羅門婦女（波羅門の妻）㉓童男（少年）㉔童女（少女）㉕天（天上界のもの）㉖竜（不思議な力を持つ蛇形の鬼神）㉗夜叉（帝釈天と戦う鬼神）㉘乾闥婆《けんだつば》（天界の楽神で香を喰うという）㉙阿修羅（醜怪《しゅうかい》な姿のインドの鬼神）㉚迦楼羅《かるら》（金翅鳥《こんじちょう》のこと）㉛緊那羅（歌舞の上手な楽神）㉜摩睺羅伽《まごらが》（人身、蛇首の楽神）㉝執金剛神（手に金剛杖《こんごうじょう》をとり諸仏・諸天を守る）。

※㉕—㉜を八部衆《はちぶしゅう》という

無盡意《むじんに》菩薩よ、観世音菩薩はこのように功徳を積み、あらゆる姿に身を現じ、人々を救済している。だからお前たちは、一心に観世音菩薩を供養せよ。またこのように観世音菩薩は世に畏ろしい場合、突然おそってくる難のなかでも、平然と何の畏れることもない。だからこの娑婆世界では観世音菩薩のことを「施無畏者《せむいしゃ》（無畏《むい》を施《ほどこ》す者《もの》）」と呼ぶ。

③無盡意菩薩は観世音菩薩に瓔珞を供養す

そこで無盡意《むじんに》菩薩は頸《くび》にかけていた、たくさんの宝珠《ほうじゅ》のついた、大変高価な瓔珞《ようらく》をささげて「どうかこの立派な瓔珞をお受けください」と言った。だが、観世音菩薩はこれをお受取りにならなかったので、無盡意菩薩はかさねて「どうかお受取りください」と申しあげた。

そこで仏は観世音菩薩におっしゃった——

「無盡意菩薩をはじめ四衆《ししゅう》、八部衆《はちぶしゅう》たちの気持を察してこの瓔珞を受取るがいい」と。

そこで観世音菩薩は、みんなの気持を察してその瓔珞をお受取りになったが、その手で二分して、一分を釈迦牟尼仏、一分を多宝如来に奉った。

④世尊偈

以下、偈をもって重説される。「世尊妙相具」と、世尊という言葉で始まるので世尊偈として広く知られ、また読誦される。

三十二相のすぐれたお姿の仏に今かさねておたずねします。観世音菩薩はどういう因縁あって観世音と名づけるのですか、と。すぐれたお姿の仏は、偈《げ》（韻文・詩のこと）をもってお答えになった。

お前たち観音の修行のほどを知るがよい。あらゆる人や場所に応じて人々を救おうという誓いは海のように大きい。それはどんなに長い時間（劫《こう》）をかけても考え及ぶものではない。はかり知れぬ多くの仏に仕えて、清浄《しょうじょう》の大願をおこした。お前たちのために、略してこれを説こう。観音の名を聞き、その身を見、心に深く念ずれば、あらゆる苦しみから免れるであろう。

①その人を害せんとして、火の燃える大きな坑《あな》に推し落されても、観音の力を念ずるならば、その火の坑はたちどころに池となるであろう（火難）

②大海に漂流して竜や鬼に取りまかれたとしても、観音の力を念ずれば、たとえ激しい波であ

ろうとも、没するようなことはないであろう（水難）

③この娑婆世界で最も高いという須弥山《しゅみせん》の上から推し落されたとしても、観音の力を念ずれば、太陽のように空中に安住することができる（須弥山より堕《おち》る難）

④あるいはまた悪人に追われて金剛山《こんごうせん》から推し落されても、わずかの傷もうけることはない（金剛山より堕る難）

⑤盗賊に取り囲まれ、刀で今にも殺されようとする時、観音の力を念ずれば、盗賊たちはたちまち慈しみの心を起して殺されるようなことはない（賊難）

⑥政治上の迫害を受け処刑され、今にも寿《いのち》終らんとする時、観音の力を念ずれば、刀はバラバラに折れてしまうだろう（刀杖《とうじょう》の難）

⑦手桎足枷《てかせあしかせ》をはめられ牢にとじ込められても、観音の力を念ずれば、自由の身となることができよう（枷鎖《かさ》の難）

⑧人に呪われて毒薬を飲まされ、身の危くなった時、観音の力を念ずれば、相手は心を改め正しい道を求めるようになるだろう（呪毒《じゅどく》の難）

⑨悪鬼や毒竜に出遇っても、観音の力を念ずれば、決して害されるようなことはない（羅刹《らせつ》の難）

⑩獰猛《どうもう》な獣が牙や爪をむきだして迫ってきても、観音の力を念ずれば、そうした悪獣はいずかたともなく走り去るであろう（悪獣の難）

⑪蛇や蝮《まむし》や蠍《さそり》が、火の燃えるような毒気を吐いてやってきても、観音の力を念ずれば、こちらの声に驚いて逃げていくであろう（毒虫の難）

⑫雷が鳴り、雷光《いなずま》が光り、雹《ひょう》がふり、大雨が降ってきても、観音の力を念ずれば、たちどころに消散してしまうであろう（雷雲の難）

以上のように、人々が困って無量の苦しみが身を逼《せ》める時、観音の力はよく世間の苦しみを救ってくれる。観音は仏の不思議な力をもち、あらゆるてだてをつくして、いたるところに姿を現し、あらゆる人のあらゆる苦しみを救ってくれる。地獄、餓鬼、畜生の三悪道のものを救い、生・老・病・死の人の世の苦しみもまた救ってくれる。

観音には真観《しんかん》（真如実相《しんにょじっそう》を見究める）、清浄観《しょうじょうかん》（煩悩を脱した心の状態）、広大智慧観《こうだいちえかん》（広い大きい智慧によってすべてのものを救う心）、悲観《ひかん》（人々の苦しみを抜く境地）、慈観《じかん》（人々に楽を与える境地）がある（以上、五観という）。だから常に観音を思い、仰ぎ尊ばねばならない。観音の智慧と慈悲とをそなえられた汚《けが》れない清浄な光は、太陽の光があらゆる闇を照すように、あらゆる災いを滅して、あまねく世間を照らす。大悲《だいひ》を根本とし、戒律をもって身を飾る観音は、世の人々を雷のごとく慄然《りつぜん》と襟《えり》を正させ、またその慈しみの心は妙《たえ》なる雲の如く、甘露《かんろ》（天が感動してふらす甘い露）のごとき教えの雨をふらせて、煩悩の焔《ほのお》を消す。かくも大きい力をもつ観音であるから、訴訟を起して役所で審判を受けるとか、戦場の恐しい場面で、観音の力を念ずれば、すべての憎しみや怨《うら》みは、あとかたもなく消え散ってしまうであろう。

観音には、妙音（すぐれた教え）、観世音（世の中を見透《みとお》した適切な教え）、梵音《ぼんのん》（煩悩を尽くした心で教えを説くこと）、海潮音（その教えが海の潮のように遠く遠くへひろがること）、勝彼世間音《しょうひせけんのん》（人の世の迷い苦しみを超えて、すべての人を救う教え）がある。だから常に観音を念ぜよ。決してゆめ疑ってはならない。観世音菩薩はあらゆる苦しみ、また死に望む苦しみにも、いつも頼りになってくださる。あらゆる功徳をそなえ、慈しみの眼で常に我々を見守ってくださる。あらゆる人々を幸せにし、恵みを与えてくださることは海のごとくはかり知れない。だからこそ観世音菩薩に身を捧《ささ》げて礼拝せよ。

⑤観世音菩薩普門品の功徳

その時に、持地《ぢち》菩薩は座よりたって仏に申しあげるには――

「もしこの観世音菩薩の思うままに相手に応じ姿をあらわし人々を救われるお仕事や、あらゆる姿をあらわされる不思議な力を聞く人の功徳は、はかり知れず大きい」と。

この観世音菩薩普門品《ふもんぼん》をお説きになった時、並居る八万四千の人々は、比べものもない無上のさとりを求める心を起した。

二十六、陀羅尼をもって法華経の受持者を守護す（陀羅尼品《だらにほん》）

陀羅尼とは、ここでは法華経受持者を守る神呪《しんじゅ》、不思議な力を持つ言葉である。もともと陀羅尼とは総持《そうじ》と訳され、悪を止め、善を勧める力を持つ。法華文句《ほっけもんぐ》に陀羅尼の持つ力として(1)病を治す力(2)法を護る力(3)罪を滅する力(4)病を治し、法を護り、罪を滅す力(5)さとりを得る力ありという。

①法華経を受持するものの功徳

この時、薬王菩薩は座をたち、右の肩をあらわにして仏に申しあげるには――

「仏よ、この法華経を受持し、読誦し、また経巻《きょうがん》を書写せんものは、どれほどの功徳を得るでしょうか」と。

そこで仏が薬王菩薩に言われるには――

「もし男であれ、女であれ、八百万億ナユタのガンジス河の砂ほどの仏を供養したとしよう。その功徳は多いだろうか、どうだろうか」と。これに答えて薬王菩薩は「その功徳は甚だ大きいです」と。

そこで仏が言われるには――

「よくこの法華経のたとえ一句半偈《いっくはんげ》であろうとも、これを受持し、読誦し、その意味を説き、法華経の教えのままに修行する人の功徳は、甚だ多い」と。

②薬王菩薩、呪を説く

この時、薬王菩薩が仏に言うには「仏よ、私は今、この法華経を説く人のために陀羅尼呪を説き、法華経の説法者を守護しようと思います」と。かくて呪を説いて言う――

「アニ、マニ、マネ、ママネ、シレ、シャリテ、シャミャ、シャビタイ、センテ、モクテ、モクタビ、シャビ、アイシャビ、ソウビ、シャビ、シャエ、アシャエ、アギニ、センテ、シャビ、ダラニ、アロキャバサイ、ハシャビシャニ、ネイビテ、アベンタラネビテ、アタンダハレユダイ、ウクレ、ムクレ、アラレ、ハラレ、シュギャシ、アサンマサンビ、ボツダビキリヂッテ、ダルマハリシテ、ソウギャネクシャネ、バシャバシャシュダイ、マンタラ、マンタラシャヤタ、ウロタ、ウロタ、キョウシャリャ、アシャラ、アシャヤタヤ、アバロ、アマニャナタヤ」と。

仏よ、この陀羅尼呪は六十二億のガンジスの砂の数ほどの仏のお説きになったところです。もしこの法華経を説く法師を侵しこれに害を加えるものがあったら、これはもろもろの仏を侵しこれに害を加えることになるんだ、と。

その時に仏は薬王菩薩を讃えて言われるには「すばらしいことだ。薬王菩薩よ、お前は、よく法華経を説く法師を守護するためにこの陀羅尼呪を説く。多くの人々にさぞ功徳多いことであろう」と。

③勇施菩薩、呪を説く

その時、勇施《ゆうぜ》菩薩は仏に申しあげた――

「仏よ、私もまた法華経を読誦し受持する者を守護するために、ここに陀羅尼呪を説こう。もしもいろいろの悪鬼たちが、その説法者の欠点を探し説法を邪魔しようとしても、その方法がないでありましょう」と。

そして呪《じゅ》を説いて云《いわ》く――

「ザレ、マカザレ、ウツキ、モツキ、アレ、アラハテ、ネレテ、ネレタハテ、イチニ、イチニ、シチニ、ネレチニ、ネリチハチ」と。

そして言うには――

「仏よ、この陀羅尼呪はガンジス河の砂ほどの仏たちの説くところ、諸仏の心から喜びたもうところである。もしこの法華経を説く法師を侵しこれに害を加えるものは、とりもなおさずこれ、もろもろの仏を侵しこれに害を加えるものである」と。

④毘沙門天、呪を説く

この時、毘沙門天《びしゃもんてん》が仏に申すには――

「仏よ、私もまた人々を愍《あわれ》み、法華経を説く法師を守護するために、この陀羅尼呪を説こう」と。すなわち呪を説いて——

「アリ、ナリ、トナリ、アナロ、ナビ、クナビ」と。そして仏に申すには——

「仏よ、この呪をもって法華経の説法者を守護いたしましょう。私もまたこの法華経を受持するものを守護し、百由旬《ゆじゅん》という永いあいだ、もろもろの衰えや憂いをあらしめないようにいたします（令百由旬内《りょうひゃくゆじゅんない》、無諸衰患《むしょすいげん》）」

⑤持国天王、呪を説く

その時、持国天王《じこくてんのう》はその座にあって多くの乾闥婆《けんだつば》たちにとりまかれていたが、すすんで仏のみもとにいたり申しあげた——

「私もまた陀羅尼呪をもって、法華経を受持するものを守護いたしましょう」と。そして呪を説いて——

「アキャネ、キャネ、クリ、ケンダリ、センダリ、マトウギ、ジョウグリ、ブロシャニ、アッチ」と。そして言うには——

「仏よ、この呪は四十二億のもろもろの仏の説きたもうところ、もし法華経受持の法師を侵しこれに害を加えるならば、とりもなおさず諸仏を侵しこれに害を加えるものとなるのです」と。

⑥十羅刹女、呪を説く

この時、羅刹女《らせつにょ》がありました。藍婆《らんば》、毘藍婆《びらんば》、曲歯《こくし》、名華歯《みょうけし》、黒歯《こくし》、多髪《たほつ》、無厭足《むえんそく》、持瓔珞《じようらく》、皐諦《こうたい》、奪一切衆生《だついっさいしゅじょう》 精気《しょうき》と名づける十人の羅刹女《らせつにょ》、つまり十羅刹女《じゅうらせつにょ》は鬼子母《きしも》やその子および眷属《けんぞく》と共に仏のみもとにいたり、声を合せて申しました——

「我らもまた法華経を読誦し受持するものを守護し、もろもろの衰えや憂いをあらしめないようにしようと思います。もし法師の欠点を探し説法を邪魔しようとしても、その方法のないようにしましょう」と。そして呪を説いて——

「イデビ、イデミン、イデビ、アデビ、イデビ、デビ、デビ、デビ、デビ、デビ、ロケ、ロケ、ロケ、ロケ、タケ、タケ、タケ、トケ、トケ」と。そして言うには——

「たとえ私の頭の上にのぼることがあっても法師を悩ますことがあってはならない。もろもろの悪鬼たちが人を悩まして、熱病にかかって一日、二日、三日、四日乃至七日に及び、あるいは常に熱病に苦しむことがあるとします。それがたとえ男であろうが、女であろうが、男の子であろうが、女の子であろうが、または夢の中であろうが、法師を悩ますようなことがあってはならない」と。

そして偈を説いて言うには——

「もし我が呪文に従わないで、説法者を悩ますようなことがあれば、その人の頭は割れてバラバラになり（頭破七分《ずはしちぶん》）阿梨《あり》という木の枝のようになるであろう。その罪は父母を殺す罪のごとく、また油を圧す罪（油をムリに圧すと腐って虫が生じ、虫と共にしぼれば量は多くなるが重罪）、マスやハカリで人をごまかす罪、あるいは提婆達多が教団を分裂にみちびいた罪のように、この法師の説法を邪魔するものは、以上と同じような罪になる」と。この偈を説きおわって羅刹女《らせつにょ》たちは仏に申しました「仏よ、我らこの法華経を受持読誦し修行する者を守護し、安穏《あんのん》なることを得させ、すべての衰え、憂いを離れ、毒薬をもって害せんとするものがあっても、その害を受けないよう守りましょう」と。

そこで仏は羅刹女たちに言われた――

「すばらしいことだ。お前たち、この法華経のみ名を受持するものを守護するだけでも、その功徳ははかり知れぬ（受持法華名者福不可量《じゅじほっけみょうしゃふくふかりょう》）。ましてやこの法華経の内容をよく理解し受持し、この法華経の経巻《きょうがん》にくさぐさの供養をささげ、くさぐさの燈《とも》を灯してもろもろの供養《くよう》をするものを守護するに於てをやである。お前たち、まさにそのように法師たちを守護せよ」と。

この陀羅尼品をお説きになった時、六万八千人が無生法忍《むしょうぼうにん》（一切が空であり無生であるという真理を認めてそこに安住する）を得た。

二十七、浄蔵・浄眼の二子、妙荘厳王を教化す（妙荘厳王本事品《みょうしょうごんのうほんじほん》）

①雲雷音宿王華智仏のむかし

それはそれは遠い昔のこと、雲雷音宿王華智仏《うんらいおんしゅくおうけちぶつ》と名づける仏がおられた。国を光明荘厳《こうみょうしょうごん》といい、時代（劫《こう》）を喜見《きけん》といった。その仏のころ妙荘厳という王があり、その夫人を浄徳《じょうとく》、そして浄蔵《じょうぞう》・浄眼《じょうげん》という二人の子があった。

この二人の子には仏の不思議な力や徳や智慧がそなわっていて、かねてから大乗の道を学んでいました。すなわち布施《ふせ》、持戒《じかい》、忍辱《にんにく》、精進《しょうじん》、禅定《ぜんじょう》、智慧《ちえ》の六波羅蜜と方便波羅蜜（菩薩種々に身《み》を現《げん》じ人々を救う）、そして四無量心（楽を与える慈、苦を抜く悲、他人の離苦得楽《りくとくらく》を喜ぶ喜、怨親平等《おんしんびょうどう》にして怨みを捨てる捨）さらにはさとりにいたる道程としての三十七の道（四念処《しねんじょ》、四正勤《ししょうごん》、四如意足《しにょいそく》、五根《ごこん》、五力《ごりき》、七覚支《しちかくし》、八正道《はっしょうどう》）の悉《ことごと》くを修めていた。また菩薩の浄三昧《じょうざんまい》（煩悩を除く）、日星宿三昧《にっせいしゅくさんまい》（己れの徳が周囲をみちびく）、浄光三昧《じょうこう》（汚れのなくなった状態）、浄色三昧《じょうしき》（汚れのなくなった清浄《しょうじょう》な姿）、浄照明三昧《じょうしょうみょう》（周囲を清浄にかえていく）、長荘厳三昧《ちょうしょうごん》（荘厳とは徳、徳のそなわった状態）、大威徳蔵三昧《だいいとくぞう》（徳が周囲を感化する）というような三昧（定《じょう》のこと、精神統一）においても悉くを身につけていた。

その時、雲雷音宿王華智仏は、この妙荘厳王をみちびき、また多くの人を愍《あわれ》むが故に、この法華経をお説きになった。

この時、浄蔵、浄眼の二人の子は、母のところへ行って合掌して言うには——

「どうかお母さん、雲雷音宿王華智仏のもとへいらっしゃい。私たちもまたお伴して、共に仏を供養、礼拝いたします。というのは、仏はいま多くの天人のために法華経をお説きになっていらっしゃいます。どうか法華経のお説法をお聴きになってください」と。

そこでお母さんが言うには——

「お前たちのお父さんは、異端の道に走り、深くバラモン（インドの古い宗教）を信じています。お前たち、行ってお父さんを連れて来なさい」と。

二人の子は合掌して母に言う——

「私たちは仏の子である。だのに邪《よこし》まな宗教の家に生れました」と。

そこで母が言うには——

「お前たち、お父さんのことをそんなに心配するんだったら、仏の不思議な力を見せなさい。そしたら、それを見てお父さんの気持をかえ、仏さまのみもとに行くようになるでしょう」と。

②浄蔵・浄眼の二子、神変を現ず

そこで二人の子は、父を思う心厚く、大空に舞いあがり、その高さ七多羅樹（一多羅樹は四十九尺という）のところで、いろいろ仏の不思議な力をあらわした。

大空の中で行ったり来たり、坐ったり寝たり、また身の上から水を出し、身の下から火を出し、そうかと思うと今度は身の下から水を出し、身の上から火を出し、さらには大きな身体になって大空を掩《おお》い、また小さくなり、小さくなったかと思ったらまた大きくなり、大空の中で姿を消し、突然大地の上に姿をあらわし、また水の中へ入るように地中に入り、水の上を行くこと地の上を行くようであった。

このような、いろいろの仏の不思議な力をあらわしたので、父もすっかり心を入れかえ仏の道に進む心を起した。

この時、父の妙荘厳王は、二子の不思議な力を見て、心に大きな喜びを感じた。そして子に向って合掌して言うには――

「お前たちの師は一体どなたなのか。お前たちはどなたの弟子なのか」と。

そこで浄蔵・浄眼の二子が言うには――

「父よ、雲雷音宿王華智仏《うんらいおんしゅくおうけちぶつ》は、今七宝《しっぽう》の菩提樹のもとに坐して、多くの天人たちのために広く法華経をお説きになっています。この仏こそ私たちの師であり、我らはこの仏の弟子です」と。

そこで父が子に言うには――

「私は今、お前たちの師にお目にかかりたい。一緒に行こう」と。

③浄蔵・浄眼の二子、出家を請う

そこで二子は空中からおりて、母のところにいたり合掌して言うには――

「父の妙荘厳王《みょうしょうごんのう》はすでに仏の道に進まんとし、無上のさとりを求める心をおこされました。私たちは父を救うことができたのです。どうか私たち、仏のみもとへ行って出家することをお許しください」と。そこで母は、仏に値《あ》うことは難《かた》い、出家を許そうと申します。

そこで二子は父母に向って言うには――

「すばらしいことです。お父さん、お母さん。どうか雲雷音宿王華智仏のみもとに行って親しくご供養してください。というのは、仏にお値いすることは、とても得難いことなのです。優曇波羅華《うどんばらげ》の花が三千年に一度ひらくのに出会うような、また一つ目の亀が大海で浮いている木の孔《あな》に出値うようなものなのです。だのに幸せにも、我らは過去世の宿業によって今仏の教えに生れ値《あ》いました。だから両親よ、我らの出家をお許しください。何といっても仏にお値いできることは、得難《えがた》いことなのですから」と。

この時、妙荘厳王の後宮にいた八万四千人も、みなこの法華経を聴こうと思った。浄蔵菩薩は法華三昧《ほっけさんまい》（存在の実相を見きわめる）を久しく修め体得し、浄蔵菩薩は、はかり知れぬ長い間に、離諸悪趣三昧《りしょあくしゅさんまい》（地獄、餓鬼、畜生などの悪趣を離れ、煩悩を断ずる）を身に体得した。というのは、あらゆる人々をしてそうした悪趣を離れしめようとしてであった。そして王の夫人の浄徳は、諸《しょ》仏集三昧《ぶっしゅうさんまい》（もろもろの仏の働きが、己が心に映る）を得、諸仏のみ知る世界を知るに至った。この二人の子は、このように不思議な仏の力によって父をみちびき、心に仏の教えを信じ、ほんとうに仏の教えに帰依《きえ》するにいたった。

④妙荘厳王、仏所に詣ず

かくていよいよ妙荘厳王は多くの家来たちを連れ、また浄徳夫人は後宮の妥女《うねめ》たちを連れ、また浄蔵、浄眼の二子は四万三千人の人とともに、仏のみもとにいたった。そして頭面《ずめん》に仏のみ足を礼し、仏をめぐること三度、そして一方に座しました。

そこで仏は王のために法華経を説いて、それをよく理解させ、王は大変な悦びをおぼえました。そこで王と夫人は頸《くび》にかけていた高価な真珠の瓔珞《ようらく》を仏のみ上に散らしました。ところがその瓔珞は四つの柱のある台《うてな》となり、その台には立派な床《ゆか》があり、無数の天衣《てんね》が敷かれていました。その上に仏はお座りになって、大光明を放たれました。

その時、王が思うには「仏のお姿はいとも尊く美しい。この上もない妙《たえ》なるお姿である」

⑤妙荘厳王に未来成仏の予告

この時、雲雷音宿王華智仏は、みなに告げて言われた――

「お前たち、妙荘厳王は仏に帰依《きえ》し、今合掌して私の前にある。この王は、私の弟子として比丘《びく》となり、さとりにいたるいろいろの教えを修行して、やがて仏となるであろう。娑羅樹王《さらじゅおう》と名づける。その国を大光《だいこう》といい、時代(劫《こう》)を大高王《だいこうおう》という。その娑羅樹王仏のもとには、数限りない菩薩や声聞《しょうもん》があって、その国は平正《びょうしょう》である。王の功徳はこのようである」と。

⑥二子は王の善知識

そこで妙荘厳王は早速位を弟に譲り、王と夫人と二子ならびに従者たちと共に出家し仏道を修めた。王は出家以来八万四千年の間、常につとめ努力して法華経を修行した。その後、一切浄功徳荘厳三昧《いっさいじょうくどくしょうごんさんまい》(報いを求めず功徳をつくしそれが自分の徳となる)を得た。

そして大空に昇ること七多羅樹《たらじゅ》(一多羅樹の高さ四十九尺)にして仏に申しあげるには、

「仏よ、この二人の子が私を救ってくれました。仏の不思議な力を現《げん》じて、私の邪心を転じ、仏の道に安住させてくれ、また仏にお目にかかることができたのです。この二人こそ私のよき師です。過去世の善き宿業《しゅくごう》の因縁《いんねん》で、私をみちびこうと、私の家に生れたのです」と。

これを聞いて仏は——

「そうだ、そうだ。お前の言う通りだ。善い果報《むくい》を得る善行を修したので生れかわり死にかわり良い師に出会い、その師によって救われ、仏の教えを聞き、無上のさとりに入ることができる。王よ、この二子は、それこそはかり知れぬ多くの仏を供養し、諸仏のみもとでこの法華経を受持し、邪《よこし》まな道に走る人々を愍《あわれ》んで正しい教えに帰依《きえ》させたのである」

⑦妙荘厳王、仏徳を讃嘆

妙荘厳王は、大空からおりて仏に申しあげた――

「仏よ、仏のお徳はこの上もなく尊い。その功徳と智慧のお働きで頭上の肉髻《にくけい》から光を放ち、あたりに輝いています。そのお眼は長く広く、紺青《こんじょう》の色であります。眉間《みけん》の白毫《びゃくごう》の白いこと、ちょうどさやかな月のようであります。また歯は白く、よく整っていて輝いています。唇の色は赤く美しく、頻婆樹《びんばじゅ》の実の真紅のようです」と。

その時、妙荘厳王は仏のはかりない功徳を讃歎《さんだん》しおわって、仏に合掌して、さらに申しあげるには――

「仏よ、仏のお徳ははかり知れず大きい。仏の教えは我々の考えられない不思議なこの上もない功徳《くどく》をそなえ、完成されています。教えみちびかれるお働きは、まことに安穏《あんのん》でこころよいものであります。私は今日より、決して凡夫《ぼんぶ》の心の働きには従いません。邪《よこし》まな見解、おごりたかぶり、いかりなど、もろもろの悪心を生ずることはありません」と。

王は、この言葉を述べ、仏に礼拝してその場を去っていった。

⑧薬王、薬上菩薩の前生なり

仏はそこでみなに言われた――

「みんな、この妙荘厳王とは一体誰だと思う。ここにいる華徳《けとく》菩薩のことだ。そして浄徳夫人はここにいる光照荘厳相菩薩のことだ。妙荘厳王やその従者たちを愍《あわれ》んで、夫人として生れたのだ。そしてその二人の子、浄蔵と浄眼こそは、今ここにいる薬王菩薩、薬上菩薩にほかならない。この薬王菩薩、薬上菩薩は、このような大きな功徳を施し、すでにはかり知れぬ多くの仏のもとで、功徳の本《もと》を積み、考えられないようなあらゆる功徳をなしとげたのである。だからこの薬王菩薩、薬上菩薩の名を知り、その行績《ぎょうせき》を知っているだけでも、すべての人々が礼拝するであろう」と。

仏がこの妙荘厳王本事品をお説きになった時、八万四千の人が心の汚《けが》れを離れ、大乗の教えを信ずる心を起した。

二十八、普賢菩薩、人を勧めて道心を発《おこ》さしむ（普賢菩薩勧発品《ふげんぼさつかんぼっぽん》）

①普賢菩薩、東方より来る

仏の不思議な力をもち、すぐれた感化力をもたれる普賢菩薩は、数限りない多くの大菩薩たちと、東方からやってこられた。通過される途中の国々では、大地が揺れ動き、宝の蓮華をふらし、妙《たえ》なる音楽が流れた。諸天を始め八部衆たちにとりまかれ、仏の不思議な力でもって、娑婆世界の霊鷲山《りようじゆせん》に到着され、釈迦牟尼仏を礼拝し、右にめぐること七度。そうして仏に申された――「仏よ、私は宝威徳上王仏《ほういとくじようおうぶつ》の国にあって、遙かにこの娑婆世界で法華経をお説きになるのを聞いて、多くの菩薩たちと聴聞すべくやってまいりました。どうか我々のために法華経をお説きください」と。

②四法成就

そこで普賢菩薩は、仏なきあとこの法華経を真に理解し、実行するためには、どうしたらいいでしょうか、とおたずねします。

仏はこれに答えて心得べき四つの事柄を述べられます。

まず第一には諸仏に守られているということを信ずること、仏の大慈大悲を信ずることである、と。

第二には仏に帰依《きえ》して善行に励み、徳を積むことである、と。

第三に成仏の直道《じきどう》にまっしぐらに進むことである、と。

そして第四に、あらゆる人を救おうという心を起すこと、つまり仏の心を心として生きることです。

以上の四つの事柄を守れば、仏なきあと、必ずこの法華経を真に理解し、実行することができると教えられます。

③普賢菩薩、法華経受持者を守ることを誓う

そこで普賢菩薩は、仏なきあと後《のち》の五百歳の（末法為正《まっぽういしょう》の典拠《てんきょ》）濁った世で、この法華経を受持するものがあれば、これを守護して、もろもろの衰えや憂いを除き安穏《あんのん》ならしめ、これを邪魔する魔や鬼たちが勢いを得るようなことのないようにしましょうと誓います。

また行《ぎょう》・住《じゅう》・坐《ざ》・臥《が》、いずれの時にもこの法華経を読誦するものがあれば、その時普賢《ふげん》菩薩は六牙《ろくげ》の白象《びゃくぞう》に乗って、多くの菩薩たちとそのところに現れて、その人を供養《くよう》し、守護し、その人に安心を与えましょう。

またこの法華経をいかにひろめようと考えている人があるならば、その時もまた六牙の白象に

乗ってその人の前に現れ、その人がたとえ法華経の一句・一偈でも忘れるようなことがあれば、これを教え、ともに読誦し真の意味を納得できるようにしましょう。

その時法華経を受持し読誦するものは、この普賢菩薩の姿を見ることによって、その心に大きな悦びを感じ、ゆるみがちな心を引きしめてまた努力するでしょう。

この普賢菩薩を見ることによって心の落ちつき（三昧《さんまい》）を得、また陀羅尼を得るでしょう。

もし後《のち》の五百歳の濁《にご》った世の中で、比《び》丘《く》、比《び》丘《く》尼《に》、優《う》婆《ば》塞《そく》、優《う》婆《ば》夷《い》（四衆《ししゅう》）で、この法華経の真理を求める者、受持しようとする者、読誦しようとする者、書写しようとする者でこの法華経を身《み》自ら実行しようとする者は、三七日の間、一心に努力をつづけなさい。三七日が終ったら私が六牙の白象に乗って、多くの菩薩たちにとりまかれて、すべての人々が見て喜ぶような姿でその人の前に現れ、この法華経を説いて、利《り》益《やく》し、悦びを与えましょう。

④普賢菩薩、陀羅尼を説く

そこで陀羅尼を与えよう。この陀羅尼を持っておれば悪魔に破られるようなことはない。また女性に心を乱されるようなこともない。またこの普賢菩薩が守護するであろう。

かくて陀羅尼を説く

「アタンダイ、タンダハダイ、タンダハテイ、タンダクシャレ、タンダシュダレ、シュダレ、シュダラハチ、ボッダハセンネ、サルバダラニ、アバタニ、サルバシャ、アバタニ、シュアバタニ、ソウギャハビシャニ、ソウギャネ、キャダニ、アソギ、ソウギャハギャダイ、テレアダソウギャトリャ、アラテ、ハラテ、サルバソギャ、サンマジ、キャランダイ、サルバダルマ、シュハリセッテ、サルバサッタ、ロダキョウシャリャ、アトギャダイ、シンナビキリタイテ」

　菩薩あってこの陀羅尼を聞くことを得るのは、普賢菩薩の不思議な力によるものである。この法華経が世界にひろまることを信じ、この法華経を受持するものは、これみな普賢菩薩の力のいたすところと心得よ。もしこの法華経を受持、読誦し、よく考え、その趣旨をよく理解して実行する人は、普賢の行を行ずるものである。数多《あまた》の仏のもとで善い果報《むくい》を得る因縁をつくった人である。この人たちは、仏がそのみ手をもって、その頭《こうべ》をなでたもうであろう。そして法華経を書写するだけでも、その人は命終って天に生れ、多くの天女たちが音楽を奏して迎えてくれるであろう。そして七宝の冠をかぶり、多くの女性たちのなかで楽しむことができるだろう。ましてや、法華経を受持、読誦し、よく考えて、その意味を理解し、仏の教えの通り実行する人においてをや。この法華経を受持、読誦し、よく考えて、その意味を理解する人は、命終って千の仏たちがみ手を授けて、何の怖ろしいこともなく、また地獄などの悪趣に堕ちず（是人命終為千仏手令不《ぜにんみょうじゅういせんぶつしゅりょうふ》恐怖不堕悪趣《くふふだあくしゅ》――日蓮聖人『生死一大事血脈抄』参照）兜率天《とそってん》の弥勒菩薩のもとに生れるであろう。弥勒菩薩は仏の後を嗣《つ》ぐべき人で仏の三十二相をそなえ、多くの菩薩たちにとりまかれ、数知れぬ多くの天女がいるところに生れるのである。以上述べたような功徳や利益《りやく》があるのである。だから智ある者よ、心をこめてこの法華経を書き、あるいは人にも書かしめ、受持、読誦し、よく考えて、仏の教えのままに修行すべきである。

仏よ、私は仏の不思議な力によってこの法華経を守護し、仏なきあと、この世界に広くひろまって永く絶えないようにいたします（於《お》如来滅《にょらいめつ》後《ご》閻浮提《えんぶだい》内《ない》広令流《こうりょうる》布《ふ》使《し》不断絶《ふだんぜつ》——日蓮聖人の「末法広宣流布」の典拠）。

⑤仏、普賢菩薩の徳を称える

そこで仏は普賢菩薩を讃めて言われた——

すばらしいことだ。普賢菩薩よ、お前はよくこの法華経を守護し、多くの人たちに安楽を与え、利益せしめた。お前は、すでに考えられないような大きな功徳、とても深い慈悲の心を持っている。遥か遠い昔から、無上のさとりを求める心をおこし、誓願をたて、この法華経を守護した。私は、仏の不思議な力をもって、普賢菩薩の名を受持するものを守ろう。普賢菩薩よ、この法華経を受持、読誦し、よく考えて、修行し、書写するものは、この釈迦牟尼仏を見るものである。仏の口から直《じか》にこの法華経を聞くものである。この人は釈迦牟尼仏を供養する人である。この人に対しては「すばらしいことだ」と讃めねばならぬ。この人は釈迦牟尼仏のみ手をもって頭《こうべ》をなでられるであろう。この人は釈迦牟尼仏の衣をもって覆《おお》われるであろう。このような人は、俗世の楽しみを貪《むさぼ》らず、異端の宗教の書やまたそれを書くことを好まない。また世の鬼人に近づかない。この人は心素直でよく考え、福徳を得るであろう。この人は、むさぼり、いかり、おろかさの三毒や、ねたみ、我がまま、おごりたかぶりに悩まされることはない。この人は少欲知足《しょうよくちそく》で普賢の行を実践する人である。普賢菩薩よ、仏なきあと、後《のち》の五百歳に、この法華経を受持、読誦する人を見たならば「この人は近く、さとりの道場に詣で、あらゆる悪魔を破り、無上のさとりを得、多くの人たちに仏の教えを説くため、天人たちのとりまくなか、仏の座につかれるだろう」と考えるがよい。普賢菩薩よ、後の世にこの法華経を受持、読誦する者は、日常生活に必要な衣・食・住に貪る心を起さない。法華経の信仰をもつ者がいたらその願いは実現されるにちがいない。またこの世で真の幸福を得るであろう。なかにはそうした人を誹《そし》る人があって「お前たちは気違いだ。そんなことをしたって何になるもんか」などと言う人の罪は深い。逆にこの人たちを供養する人はこの世で然るべき果報が得られる。この法華経を受持する者の欠点を指摘したり、あるいはあざ笑ったりする人は、きっと悪い病気にかかるだろう。この法華経を受持する人に対しては、仏に対するように、起って迎うべきである。

⑥普賢菩薩勧発品を聞く功徳

仏がこの普賢菩薩勧発品《かんぼっぽん》をお説きになった時、ガンジス河の砂ほどの菩薩たちが百千万億旃陀羅尼《せんだらに》(十方の仏の所説を知って憶持《おくじ》する陀羅尼)を得、三千大千世界を微塵にしたほどの菩薩たちは慈悲をもってあまねく人々を救うものの徳を得た。

仏がこの法華経を説きたもう時、普賢菩薩等のもろもろの菩薩、舎利弗等の多くの声聞《しょうもん》、また天、龍などの八部衆《はちぶしゅう》など、法華経説法の座にいた一同は心に大きな悦びを感じ、仏のことばを心に深く刻んで、仏に礼拝して座を去った。

結経　観普賢菩薩行法経

結経 観普賢菩薩行法経について

法華経二十八章の最後が「普賢菩薩勧発品《ふげんぼさつかんぼっぽん》」であり、引きつづき、ここに普賢菩薩が説かれていること。またこの観普賢菩薩行法経《かんふげんぼさつぎょうほうきょう》に「十方分身《ふんじん》の釈迦牟尼仏、一時に雲の如く集り、広く妙法を説きたもうこと妙法華経の如し」とあり、また「釈迦牟尼仏、諸《もろもろ》の大衆と耆闍崛山《ぎしゃっくせん》に在《いま》して、法華経を説き一実の義を演《の》べたもうを見ん」とあり、さらに「多宝仏塔《たほうぶっとう》および釈迦牟尼仏」「釈迦牟尼仏、分身《ふんじん》の諸仏および多宝仏塔」と、法華経説法を前提とした記述がしばしば見られ、さらに「却《さ》って後三月あって、我れ当《まさ》に涅槃すべし」あることから、法華経のあと、涅槃経に先立って説かれたことは明らかである。よって本経は法華経の結経《けっきょう》とされるわけである。劉宋の元嘉年中（四二四―四五三）、曇摩蜜多《どんまみった》の訳である。

普賢菩薩について天台大師は、悲華経《ひけきょう》を引いて、この菩薩は穢《けが》れたこの世にあって修行し、この世を清浄《しょうじょう》なものにしようと誓いをたてたことをいい、また一切の菩薩に勝れた徳を成就しようとされたので、宝蔵仏が「普賢」という名を与えたといっている。これは、この菩薩が菩薩の中でことに勝れて一切の菩薩をおさめとるような徳のもち主であることをあらわそうとしている。

賢首《げんじゅ》大師法蔵《ほうぞう》は『探玄記《たんげんき》』巻十六で、「徳の周遍《しゅうへん》していること」を「普《ふ》」、「その用《はたら》きが善を順成《じゅんじょう》すること」を「賢《けん》」と解釈し、この菩薩の徳はあらゆるところ（一切処《いっさいしょ》）にあまねく行きわたり（周遍《しゅうへん》）、その徳のままに人々を徳をもってみちびき（徳化）、善を完成してゆく、徳のもっともすぐれた菩薩ということである。

普賢菩薩は文殊菩薩と共に釈迦牟尼仏の脇侍《きょうじ》で、文殊菩薩が智・慧・証を司るのに対し、理・定・行を司る。そして文殊菩薩は獅子《しし》に乗って仏の左側にあり、普賢菩薩は象に乗って右側にある。

四十華厳《けごん》（般若三蔵訳）の普賢行願品には普賢の十大願が説かれている。すなわち①常にすべての仏を敬い（礼敬諸仏《らいきょうしょぶつ》）、②常にすべての如来の徳をたたえ（称讃如来《しょうさんにょらい》）、③常にすべての仏に仕えて最上の供養をし（広修供養《こうしゅうくよう》）、④常に無始以来の悪業《あくごう》を懺悔《さんげ》して浄戒《じょうかい》をたもち（懺悔業障《さんげごうしょう》）、⑤常に仏、菩薩乃至六趣《ろくしゅ》、四生《ししょう》のあらゆる功徳を随喜し（随喜功徳《ずいきくどく》）、⑥常にすべての仏に教えを説くことを要請し（請転法輪《しょうてんぼうりん》）、⑦涅槃に入られようとする仏、菩薩に対しては、この世にとどまってくださいと常に請い（請仏住世《しょうぶつじゅうせい》）、⑧常に毘盧舎那仏《びるしゃなぶつ》に随ってその仏が教化のために示される相を悉く学びとり（常随仏学《じょうずいぶつがく》）、⑨すべての衆生の種別に応じて種々につかえ種々に供養してめぐみ（恒順衆生《こうじゅんしゅじょう》）、⑩以上のようなあらゆる功徳を一切の衆生にさしむけて、悉くが仏果《ぶっか》を完成することを願う（普皆廻向《ふかいえこう》）以上の十を念々に相続してきわまることがないのを普賢《ふげん》の行願《ぎょうがん》という。

①阿難ら仏に問いたてまつる

仏はある時、ヴェーサリーの大林精舎《だいりんしょうじゃ》の重閣《じゅうかく》講堂にいらっしゃって、多くの僧たちに、「やがて三月すると私は亡くなる（涅槃）だろう」とおっしゃった。

それを聞いた仏弟子の阿難《あなん》は、摩訶迦葉《まかかしょう》や弥勒《みろく》菩薩と共に、仏におたずねした。

「仏よ、仏なきあと我々はいかにしてさとりを求める心を起こし、大乗経典を学び、正しく唯一真実の境地を考え、さとりを求める心を失わないためには、いかにすべきでしょうか。またこの迷いの身のまま（不断煩悩《ふだんぼんのう》）身心を清め、罪悪《ざいあく》を滅することができ、生れながらの眼を浄化し、迷いを離れず、どうしてさとりの世界（障外《しょうげ》の事《じ》）を見ることができましょうか」と。

②普賢の行を学べ

観普賢菩薩行法経一巻は阿難らの右の問いに対する仏の答えで終始している。

そこで仏が答えられる――

仏は霊鷲山《りょうじゅせん》その他ですでに唯一真実の道を説いたが、未来の多くの人々のなかで、大乗無上の教えを学び、普賢菩薩の行を修せんとするもののために、我が思うところを述べよう。阿難よ、普賢菩薩は東方浄妙国土に生れた。その国土のありさまは華厳経《けごんきょう》に詳しく述べたので、今は略して説こう。

阿難《あなん》よ、大乗経典を読誦《どくじゅ》する者、修習《しゅしゅう》する者、求道の心を発《おこ》す者、普賢菩薩の姿を見たてまつらんとする者、多宝仏塔を見たてまつらんとする者、釈迦牟尼仏およびその身《み》を分たれた諸仏を見たてまつらんとする者、身心の清浄《しょうじょう》を得ようとする者は、まさに普賢菩薩の観察を学ぶべきである。この観察の功徳はあらゆる障害を除いて妙《たえ》なる姿を見る。宗教的瞑想《めいそう》の境地（三昧《さんまい》）には入らないが、ただ読誦することによって専心修習し、心が相続して大乗を離れないことができよう。重い障《さわ》りのあるものは四十九日を過ぎて見ることができよう。さらに重い障りあるものは一生、あるいは二生、三生に見ることができよう。このように普賢菩薩を見ることは人々それぞれ善悪の業因《ごういん》による果報《かほう》によってちがいがある。

③普賢菩薩の国土の相

普賢菩薩は身も声も形もかぎりなく自在に変化する。この国に来《こ》ようと思えば、仏の不思議な力をもって身を小さくしてやってこられる。というのはこの国の人の罪が重いからである。仏の智慧の力によって白象に乗っておられ、その象には六つの牙《きば》があり、四本の足と二本の牙と尾で大地を支えている。そしてその下に七つの蓮華が生えている。その象は鮮やかな白さで、白の中の最も勝れたものである。その象の身《み》の長さも高さも非常なもので、六つの牙の端には六つの池があり、その池にはそれぞれ十四の蓮華が生えていて、池の広さを掩《おお》うている。その蓮華の一つ一つには天女にも等しい美しい女性がいる。そしてその手には五つの箜篌《くご》（琴に似た楽器）があり、一々の箜篌《くご》には五百の楽器がある。また五百の鳥が葉と葉との間にいて宝のように輝いている。

象の鼻には華《はな》があり、その茎《くき》は赤い真珠のような色で、華は金色《こんじき》で蕾《つぼみ》のままでまだ開いていない。

以上の様子を観察してさらに懺悔《さんげ》し、心をこめて大乗を思いつづけ、やめなければ、華を見れば華は開き金色で金光《こんこう》あり。その蓮華の台《うてな》は宝玉で、金剛宝をもって華の鬚《しべ》とし、変化《へんげ》の仏は蓮華の台《うてな》に、多くの菩薩は華《はな》の鬚《しべ》に坐しておられた。変化の仏の眉間《みけん》から金色の光が出、象の鼻に入り、鼻から出て眼に入り、眼から出て耳に入り、耳から出て象の頭を照らし、変化して金の台《うてな》となった。象の頭に三人の変化《へんげ》の人がおり、それぞれ金輪《こんりん》、摩尼珠《まにじゅ》、金剛杵《こんごうしょ》（金剛の杵《きね》＝武器）を握っていた。その杵で指し示すと、象は虚空《こくう》を踏んで歩いた。大地を離れること七尺、地には型がつき、その型には仏の足底の輪状の瑞相《ずいそう》がそろっていた。一々の車輪の外周をつつむ輪の間に大蓮華が生え、その大蓮華の上に変化の象がいる。その象にはまた四つの足と二つの牙と尾の七つの支えがあり、大象についていった。大象が足をあげ、足を下すと七千の象が生じ、この七千の象も大象についていった。真赤な蓮華のような象の鼻の上には変化の仏がおられ、眉間《みけん》から金色の光を放ち、さきの象と同じように象の鼻に入り、鼻を出て眼に入り、眼を出て耳に入り、耳を出て象の頭に至り、さらに象の背にいたって金の鞍《くら》となった。鞍の四方には七宝《しっぽう》の柱があり宝の台《うてな》となり、その台《うてな》のなかに七宝の蓮華の鬚《しべ》がありその蓮華の台《うてな》は宝珠で飾られていた。

④普賢菩薩のお姿

そこに普賢菩薩がおられ、その身は白玉《はくぎょく》のようで、さまざまな色の五十種の光が頂から発していた。金身の毛孔《けあな》から金色の光を出し、その端に数知れぬ変化の仏がいました。そして変化の菩薩をお伴とされた。宝の蓮華をふらして静かに歩み、行者の前にやってこられた。その象が口を開くと、その牙の上にある池に天女がおり、楽を奏し、大乗の唯一真実の道を称えた。

⑤行者・懺悔の法を行ず

行者は経典を読誦、十方のもろもろの仏、多宝仏塔、釈迦牟尼仏ならびに普賢菩薩やそのお伴の菩薩たちを礼拝して言うには、

「どうか普賢菩薩よ、そのお姿を示したまえ」と。

かく誓願し、昼夜十方のもろもろの仏を礼拝し、身の罪悪を懺悔《さんげ》し、大乗経典を読誦し、その義理を考え、これを深く心に思い、大乗を持《たも》つものを敬い、供養し、すべての人を見ること仏のようにし、またすべての人々に父母のように接せよ、と。

⑥普賢菩薩を見る最初の境地

以上のように考え終った時、普賢菩薩は眉間《みけん》の白毫相《びゃくごうそう》より光を放たれよう。この光が現れる時、普賢菩薩はそのお姿端正微妙《みみょう》にして仏の三十二相を悉く具《そな》え、全身の毛孔《もうく》より大光明を放たれ、大象を照らして金色《こんじき》となり、変化《へんげ》の象、変化の菩薩も、みな金色となろう。そしてその光が東方のかぎりなき世界を照らされると、みな金色となろう。東西南北や四隅や上下もまた金色となろう。その時、東西南北、四隅、上下の十方のそれぞれの方向に一人の菩薩が六牙《ろくげ》の白象《びゃくぞう》に乗

っているのを見るであろう。その菩薩たちそれぞれもまた普賢菩薩と全く同じであった。

この時、行者は、もろもろの菩薩を見て、心大いに歓喜《かんぎ》して言うには、

「大慈、大悲者よ、我を愍《あわれ》んで、我がために法を説きたまえ」と。

かく言った時、もろもろの菩薩たちは声を合せて大乗の教えを説き、偈をもって行者を讃め称えられるであろう。これを普賢菩薩を観察する最初の境地という。

⑦普賢菩薩を観ずるが故に諸仏を見る

行者、心に日夜大乗を念ずれば、眠っていても夢の中で普賢菩薩が法を説かれるのを見よう。それは現実と何ら異ることなく、行者の心を慰《なぐさ》め「お前が暗誦しているところ、この句を忘れている、この偈を忘れていると指摘しよう」と。行者は普賢菩薩の深い教えを聞いて、その意味をよく理解し、記憶して決して忘れないであろう。毎日このようにして心は次第に聡《さと》くなるのであろう。また普賢菩薩は行者をして十方のもろもろの仏を心にたもち、常に思い出させてくださる。普賢菩薩の教えに従って正しい信仰を持てば、東方の仏の微妙なお姿を見たてまつるであろう。一仏を見、さらにまた一仏を見、かくて東方の一切の仏を見たてまつり、心に悦びを感じてこう言うだろう「大乗の教えによって聖者を見、聖者の力によってもろもろの仏を見たてまつった。しかしもろもろの仏を見たてまつるとはいえ、なお明らかに見ることは出来ません。目を閉じれば見えて、目を開くと見えません」と。そう言って五体を地に投じ、あまねく十方の仏を礼拝しお

わってこう言いなさい「み仏は絶対のみ力をそなえ、常にこの世界にあって立派なお姿をなさっている。私には何の罪あって見たてまつることが出来ないのでしょうか」と。そう言って心から懺悔せよ。懺悔して清浄《しょうじょう》なることを得たならば、普賢菩薩はその行者の前に現われ、常にそのそばを離れず、夢のなかでさえ法を説いてくださる。このようにして昼夜二十一日をすぎて、迷いを滅し空《くう》にいたる力（旋陀羅尼《せんだらに》）を得よう。その力によって、もろもろの仏や菩薩たちの説かれるみ教えをしっかり記憶し、夢に過去の七仏を見たてまつるが、中でただ釈迦牟尼仏だけが教えを説き、もろもろの仏は大乗経典を讃め称えられるであろう。

その時、行者はさらに心に悦びを感じて十方の仏を礼拝するであろう。礼拝しおわると普賢菩薩は行者の前に姿を現わし、前世のあらゆる行為を説きその罪を暴露《ばくろ》し、もろもろの仏に懺悔せしめるであろう。懺悔しおわると「諸仏を現に見たてまつる力」（諸仏現前三昧《しょぶつげんぜんざんまい》）を得る。その力を得たならば、東方の阿閦仏《あしゅくぶつ》とその仏の世界である妙喜国を始め、十方のもろもろの仏の最上、微妙の国土を見るであろう。

⑧懺悔して身心の清浄を得る（六根懺悔法《ろっこんさんげほう》）

すでに十方の仏を見たてまつったならば、普賢菩薩は行者のために懺悔《さんげ》して身心の清浄を得る法を説かれる。

イ、懺悔して眼、清浄となる

お前ははるかなる過去より、ものに執《とら》われ、愛欲を貪《むさぼ》り、愛欲によって女人に生れ、生れかわり死にかわり、ものに惑溺《わくでき》した。眼の善ならざるが故にお前自身を傷《そこな》うこと多い。私の言葉に従ってもろもろの仏、就中《なかんづく》釈迦牟尼仏に帰依して、お前の眼のあらゆる罪を告白せよ「今、私が懺悔する私の眼の重罪、穢《けが》れ汚《よご》れ盲目《めしい》ております。どうか仏よ、大慈をもって私を愍《あわ》れみお護りください。普賢菩薩の法《のり》の船に乗って、あまねく一切十方のもろもろの菩薩の伴《とも》であるこの私をお救いください。どうか、愍れみを垂れ、私の眼の不善と悪業の障《さわ》りを改悟することを許したまえ」と。

以上のように三たび唱えて五体を地に投げ、大乗の教えを正しく強く思念せよ。これを眼の罪を懺悔する法という。

ロ、懺悔して耳、清浄となる

お前は過去久しい間、耳で声を聞いて妙《たえ》なる声にはそれに執われ、悪い声を聞いてはもろもろの煩悩をおこす。このような悪い耳の報いによって悪所（三悪道《さんなくどう》）に堕ち、或いは仏教の及ばぬ国や異教徒の国に生れた。ところがお前は今や功徳海のような大乗経典を読誦している。その因縁で十方の仏たちを見たてまつる。多宝仏の塔はお前の前に姿を現わし、お前のために証明となってくださる。お前は自分の耳の過ちや悪を告白して、もろもろの罪を懺悔せよ」と。

行者は聞きおわって、合掌して五体を地に投げ「仏よ、お姿を現してわが証明となってください。大乗経典はこれ慈悲の主であります。どうか私を見、私の言うところを聞いてください。私は遙かな過去より今日まで、耳で声を聞いては、膠《にかわ》が草につくように執着《しゅうじゃく》し、悪声を聞いては煩悩を起し、あらゆるところに執着して止《とど》まるところがありませんでした。かくて魂を汚《けが》し、地獄・餓鬼・畜生の悪道に堕ちました。今始めて自己の耳の罪を知り、もろもろの仏に向って告白し、懺悔します」と言い、言いおわって多宝仏が光を放たれるのを見るだろう。その光は金色《こんじき》で東方及び十方の世界を照らしたもう。はかり知れぬ多くの仏もその身は金色で、東方の空中に声あり「ここに仏います。善徳という。またその身を分たれた多くの仏がおられ、宝樹のもとの座に坐したまえり」と。そのもろもろの仏はその姿を現わされ、行者を讃めて「すばらしいことです。お前は今大乗経典を読誦している。読誦するところはみなこれ仏の世界である」と。

ハ、懺悔して鼻、清浄となる

普賢菩薩は懺悔の法を説いて「お前は遙かな過去世より香を貪《むさぼ》って迷いの世界に堕していた。今、大乗の教えの根本を観察せよ、それは存在の真実相（諸法実相）である」と。

この言葉を聞きおわって五体を地に投じて懺悔せよ。懺悔しおわったならば十方の仏を礼拝して「南無釈迦牟尼仏、南無多宝仏塔、南無十方釈迦牟尼仏分身諸仏《ふんじんのしょぶつ》、南無東方善徳及び分身諸仏」と唱えよ。そして心をこめて礼拝し、香《こう》や華を供養し、もろもろの仏を讃歎《さんだん》し、懺悔してこう唱えよ「私は遙かな過去から香りや身に触れるところのものを貪って多くの罪をつくり、その因縁で悪道に堕ちた。仏に向って一切の罪を告白して懺悔いたします」と。

ニ、懺悔して舌、清浄となる

この空中にあって「仏の子よ、お前は十方の仏に向って大乗の法を讃め、仏の前で自分の罪を告白しなさい。お前の舌によるもろもろの悪業《あくごう》を告白しなさい。お前の舌は虚言《うそ》をいい、言葉を飾り、悪口や二枚舌を使い、他人を誹《そし》り、異教徒の見解を讃め、無駄なことばかり言った。このような悪業を犯し、真理を真理でないと言った。このような多くの罪を今ことごとく懺悔《さんげ》します」と。そう唱えて五体を地に投じて十方の仏を礼拝し、跪《ひざま》づいてこう述べなさい。

「この舌の罪はかぎりなく深い。すべての悪業はこの舌から起る。このような罪の報いで悪道に堕《お》ちることはかり知れず長い。虚偽を言ったために大地獄に堕《お》ちた。私は今、南方の仏に帰依《きえ》して罪を告白しよう。そう考えた時、空中に声あって、南方に仏います。栴檀徳《せんだんとく》という。その仏には多くの身《み》を分けた仏がおられ、すべての仏は大乗を説いて罪を除いてくださる。このような深い罪を十方のかぎりなく多くの仏に向って告白しまごころをこめて懺悔《さんげ》せん」と。

この言葉を説きおわって五体を地に投じ、もろもろの仏を礼拝せよ。この仏たちは光明を放ち、行者の身を照らし、それによって行者に心からの悦びを与え、大慈悲を起こし、すべてのことを記憶し忘れるようなことがないようにしてくださる。

ホ、懺悔して、身意《しんい》清浄となる

また空中に微妙の声があって「お前は身心の罪を懺悔せよ。身の罪とは殺すこと、盗むことと、邪《よこし》まな男女関係であり、心の罪とはもろもろの不善を行うことである。今まさにこの悪・不善を懺悔すべきである」と。

そこで行者は空中の声に問うた「私は今どこでこの懺悔の法を行うべきか」と。これに対して空中の声は答えて言う「釈迦牟尼仏を『あまねくいたるところに光明を照らしたもう仏』と名づける。その仏のおられるところを常寂光土《じょうじゃっこうど》という。そこは無常、無我、苦と穢《けが》れをこえた常・我・浄・楽の世界である。仏の身体《からだ》は不滅だからである。このように十方の仏を観察したてまつるべし」と。

へ、十方の諸仏、懺悔の法を説く

この時、十方の仏は各々右の手で行者《ぎょうじゃ》の頭をなでつぎのように言われた――

「すばらしいことです。お前が今大乗《だいじょう》の経典を読誦《どくじゅ》したので、十方の仏たちは懺悔の法をお説きになった。菩薩のふみ行う道は、煩悩を断ぜずして煩悩を離れている。倒錯した考えは、妄想から起る。ちょうど空中の風のよりどころのないようなものである。存在の実相は生《しょう》もなければ没《もっ》もない。そうした立場から見れば一体何が罪であり、何が福であるというのだ。罪も福も、もとよりその主体はない(罪福無主《ざいふくむしゅ》)。このように知るのを大懺悔《だいさんげ》といい、大荘厳懺悔《だいしょうごんさんげ》といい、無罪《むざい》相懺悔《そうさんげ》といい心識を破壊《はえ》するものという。この懺悔を行うものは身心の清浄にして何ものにも執われないこと、ちょうど流れる水のようである。常に普賢菩薩及び十方のもろもろの仏を見たてまつることが出来よう」と。

そして仏が阿難に言われるには「このように行ずるのを懺悔という。この懺悔は十方のもろもろの仏、もろもろの大菩薩の行うところの懺悔の法である」と。

なおつづく偈《げ》において六根（眼・耳・鼻・舌・身・意）懺悔を説いた最後に—

「あらゆる悪業と障《さわ》りはみな妄想から生ずる。だから懺悔しようと思えば、正坐して真実相を観察せよ。多くの罪は霜や露のようなものだ。智慧の光によって消滅する。だから心をこめて眼・耳・鼻・舌・身・意の六根について懺悔すべし」とある。（原文—一切《いっさい》の業障海《ごうしょうかい》は皆妄想より生ず、若し懺悔せんと欲せば端座して実相を思え、衆罪《しゅうざい》は霜露《そうろ》の如し、慧日《えにち》能《よ》く消除《しょうじょ》す。是の故に至心《ししん》に六情《ろくじょう》根《こん》を懺悔すべし。—この文、破地獄《はじごく》の文・懺悔の大乗《だいじょう》的根本解釈の典拠なり）

⑨菩薩戒を受くる道

行者、菩薩戒を受けようと思ったならば、静かなところで、あまねく十方の仏を礼拝し、もろもろの罪を告白し懺悔せよ。そして仏に次のように申せ—

「もろもろの仏は常にこの世にいらっしゃる。私は罪深く、大乗を信じるとはいえ、仏を明らに見たてまつることが出来ません。どうか釈迦牟尼世尊よ、和上《わじょう》（授戒の師）となってください。文殊菩薩よ、どうか智慧をもって私に清浄の菩薩の法をお授けください。弥勒菩薩よ、どうか私を愍《あわ》れみ、私が菩薩の法を受けるのをお許しください。十方のもろもろの仏よ、身を現わして受法の証人となってください。もろもろの大菩薩たち、どうか私をお守りください。私は今は大乗経典を受持《じゅじ》いたします。たとえ命を失うようなことがあっても、地獄に堕ちるようなことがあっても、決して仏たちの正しい教えを誹《そし》るようなことはいたしません。どうかこの因縁、この功徳によって釈迦牟尼仏よ、我が和上《わじょう》（授戒の師）となりたまえ、文殊菩薩よ、我が阿闍梨《あじゃり》（師匠《ししょう》）となってください。弥勒菩薩よ、私に法を授けてください。十方の仏たちよ証人となってください。もろもろの菩薩よ、どうかわが伴《とも》となってください。私は今、大乗経典の深い教えによって仏に帰依《きえ》し、法に帰依し、僧に帰依したてまつる」と。このように三たびくりかえして説け。

三宝《さんぼう》（仏・法・僧）に帰依し終って六重《ろくじゅう》の法（殺さず、盗まず、酒を飲まぬ、邪まな男女関係を慎しむ、うそを言わぬ、在家及び出家の男女の罪を説かぬ）を受け、さらにつとめて、八重の法（不盗《ふとう》、不淫《ふいん》、不殺《ふせつ》、不妄語《ふもうご》、不触男《ふそくなん》、屏處與男不立《へいしょよなんふりゅう》、不覆蔵他罪《ふふくぞうたざい》、不随攀比丘《ふずいはんびく》）を受くべし。この誓いを立て、静かなところで香を焚《た》き、華《はな》を散らし、もろもろの仏及び菩薩並に大乗経典に供養し「私は今日さとりを求める心を起しました。この功徳をもって普《あまね》く一切の人を救おう」と誓いなさい。

⑩出家者の破戒

出家のものでも、在家のものでも、和上《わじょう》（授戒の師）もなく、伝戒《でんかい》の師もなく、作法もしないでも、大乗経典を受持、読誦《どくじゅ》すれば、普賢菩薩の助力によって自然に五分法身《ごぶんほっしん》といわれる戒（悪を止め善を生ず)、定《じょう》(精神集中)、慧《え》(智慧)、解脱《げだつ》(さとり)解脱知見《げだつちけん》(さとりへの智慧)を得ることが出来る。もろもろの仏はこの法より生れ、大乗の教えによってさとりを得られたのである。だから智者で愚《ぐ》痴《ち》や不善や邪悪の心からもろもろの戒を破ったが、その破戒の罪を除き、過患《とが》なからしめ、かえって僧となり、出家の者の法則を身につけようと思うならば、大乗経典を読誦し、大乗のなかで第一義の「存在は空なり」ということをよく考え、その智慧と心とを一致せしめよ。この人は、あらゆる罪を永遠に消し去るであろう。これを出家の法則をそなえ、形（威儀）をそなえるものといい、あらゆる人々の供養を受けるだろう。

⑪在家の破戒

在家の信者が戒を破り不善をなしたとしよう。その不善とは、仏の教えを誹《そし》り、人々の犯した罪をあばき、盗みや男女関係をみだし、一向に愧《は》じようともしないことである。もしこの人が懺悔《さんげ》して罪ほろぼしをしようと思ったら、つとめて大乗経典を読誦し、その真実義に深く思いをいたせ。またもし王者、大臣、バラモン、長者、役人等、これらの人で貪《むさぼ》りあくことなく、五逆罪《ごぎゃくざい》(殺《せっ》父《ぶ》、殺母《せつも》、殺阿羅漢《せつあらかん》、出仏身血《しゅつぶつしんけつ》、破和合僧《はわごうそう》)を犯し、大乗経典を誹《そし》り、十悪業《あくごう》(殺生《せっしょう》、偸盗《ちゅうとう》、邪婬《じゃいん》、妄語《もうご》、綺語《きご》、悪口《あっく》、両舌《りょうぜつ》、貪欲《とんよく》、瞋恚《しんに》、邪見《じゃけん》)を犯したとしよう、この大悪のむくいで必ずや阿鼻地《あびじ》獄《ごく》に堕ちるであろう。もしこの悪業《あくごう》のさわりをなくそうと思ったら、まずその罪を愧《は》じ、罪を悔い改めよ。

イ、第一の懺悔の法

まず心を正しくし、仏・法・僧の三宝を誹《そし》らず、出家や修行者のさまたげをせず、六念の法（念《ねん》仏《ぶつ》、念法《ねんぽう》、念僧《ねんそう》、念戒《ねんかい》、念施《ねんせ》、念天《ねんてん》）を修行せよ。そして大乗を持《たも》つ者に給仕《きゅうじ》し供養し、礼拝せよ。さらに甚深微妙《じんじんみみょう》の大乗の経典及び真実の空《くう》なることを思念せよ。これを第一の懺悔の法という。

ロ、第二の懺悔の法

父母に孝養をつくし、師や目上のものを敬え。これを第二の懺悔の法という。

ハ、第三の懺悔の法

正しい教えをもって国を治め、人民を邪《よこし》まな道に入らせない。これを第三の懺悔の法という。

ニ、第四の懺悔の法

六斎日《ろくさいび》（月の8・14・15・23・29・30日）には、いたるところで、力の及ぶかぎり殺生《せっしょう》を行なわしめないこと。これを第四の懺悔の法という。

ホ、第五の懺恨の法

深く因果の道理を信じ、大乗の平等の実相を信じ、仏は永遠に実在し我々をみちびきたもうと知るべし。これを第五の懺悔の法という。

⑫結びのことば

そこで仏は阿難に申された――

「これからの世の中で、以上のような懺悔の法を行うものがあれば、この人は慚愧《はじ》を知る人であり、仏に守られて、程なく無上のさとりを得るであろう」と。

仏がこの教えを説かれた時、一万の天子（神々）は、真理を見る完全な眼（法眼浄《ほうげんじょう》）を得た。

かくて弥勒菩薩等の大菩薩たちや阿難は、仏の説かれるところを聞いて、心に大きな悦びをいだき、み教えのままに修行した。

〔附記〕懺悔《さんげ》について

懺悔《さんげ》の懺《さん》は語源から言えば「ゆるしを請うこと」、悔《げ》は「くやむこと」である。だから懺悔とは犯した罪を仏前に告白し、悔い改めることである。

原始仏教では比丘《びく》（出家の男性）は自分の犯した罪を釈尊または長老比丘《ちょうろうびく》に告白して裁きを受けることになっていた。比丘は半月ごとに集って布薩《ふさつ》（ウポーサタ）という儀式を行い、戒律の箇條が読みあげられ、罪がある時は自分で申し出たのである。

大乗仏教では自己の罪を認めた者は諸仏の前に懺悔し、帰投《きとう》し、摂受《しょうじゅ》されて罪の恐れから解放されるという形のものとなった。その究極は「無罪相懺悔《むざいそうさんげ》」とよばれるもので、罪の意識が全くなくなった状態に入ることが目的とされるようになった。

なお広く用いられている懺悔文《さんげもん》は、華厳経普賢行願品《けごんきょうふげんぎょうがんぼん》の、

「我れ昔《むかし》造《つく》る所の諸の悪業《あくごう》、皆無始《むし》の貪瞋痴《とんじんち》に由《よ》る。身語意《しんごい》より生ずる所、一切我れ今皆懺悔《さんげ》す（我昔所造諸悪業《がしゃくしょぞうしょあくごう》、皆由無始貪瞋痴《かいゆむしとんじんち》、従身語意之所生《じゅうしんごいししょしょう》、一切我今皆懺悔《いっさいがこんかいさんげ》）」

という文で、略懺悔《りゃくさんげ》と称している。

あとがき

法華経は、諸経中の王であり、また諸の経法の中で最も為れ第一なりとあります（薬王菩薩本事品）。八万四千といわれる仏教の経典の中でも珠玉の経典であることは世の広く認めるところです。

その法華経を知ることは、とりもなおさず仏教の真髄を知ることなのです。

それにはまず「法華経に何が書かれているか」を知らねばなりません。だが法華経は今を去る千五百年前、中国で翻訳されたままの経典です。仏教的な術語、仏教的な表現が多くて、どなたにでも気安く読めるようなものではありません。でもこの法華経を知らないで仏教を語ることはできますまい。

法華経を広く知っていただきたいという一念から、かつて『法華百話』を書きました。法華経のなかで、よく知られた名句をとりあげ、各章の関係を折りこみながら説いたものですが、やはり法華経そのものに直《じ》かにあたっていただくにこしたことはありません。そうした思いから、今ここに法華経二十八章の概要を書きあげました。専門的な仏教用語をなるべくさけ、どなたにもわかりやすく、と心がけはしたものの、果してどうでしょうか。仏教の専門用語に馴れた人の立場からは或いは物足らないかも知れません。でも、ともかくも読んでいただくために、読みやすいことを優先しました。

なお法華三部経といわれながら、開経や結経については、ほとんど無視されているかのような状態にあります。随分法華経の解説書がありますが、開経・結経については、ほとんど見あたりません。あの有名な開経の「未顕真実」の文や、結経の懺悔文など、法華経の理解には不可欠のものです。そこで開経・結経もあわせて現代訳に及んだ次第です。

○

一字一句に何時間も要したこともありました。基本にしたテキストは、私の使い馴れた『国訳一切経』法華部です。もはやぼろぼろになって製本しなおしたものですが、いろいろな機会に勉強したことの書き込みでいっぱいです。なつかしい思い出では、今は亡き善徳寺住職長井弁順師、畏友の円頓寺住職佐藤英夫師と何年かかけて輪読したことです。私のその国訳の法華経の最後に「昭和二十九年五月十九日、研究会にて輪読終る」と銘記されています。

自坊で法華経講議をつづけたこともありました。以来、いろいろの機会に読んでは自分なりの註を入れてきたこの国訳本を中心に読みました。参考した本としては第一に織田得能師の『法華経講義』です。ところがこの解説には天台の立場からの註釈が多く、そのままここに用いるわけにはいかない点もあります。また私の恩師である坂本幸男先生の岩波文庫本も参照しました。ほかに『法華文句』会本や、小林一郎さん、本多日生さんの法華経講義も参考にさせていただきました。

なかでも一番世話になったのは、昭和十五年に買って、これまた製本し直した『コンサイス仏教辞典』（宇井伯寿）です。この辞典は平素から机上にあって一番身近かに使っているものです。岩波の国語辞典や大漢和辞典のお世話にもなりました。

いつでもそうですが、今書きあげ、読みかえしてみると、いろいろまた気になる点が出てきます。でも、かれこれ三か月、まずは没頭しました。止むを得ないことを除いて、これにかかりきりました。

一応手を離して、改めてもっといい法華経講義の書ける日を、自ら期待している今の私です。

高橋 勇夫（たかはし いさお）

大正９年３月11日、大阪市西成区に生れる。旧制住吉中学（現住吉高校）を経て、東洋大学文学部仏教学科卒。兵役。戦後、昭和23年９月より大谷学園勤務。宗教・歴史担当。昭和39年９月より、昭和52年３月まで東大谷高等学校副校長。その後、大谷女子短期大学教授を経て非常勤講師。日蓮本宗正福寺住職。個人誌『菩提樹』主宰。平成10年逝去。

著書『法華百話』『日蓮百話』『仏典百話』『お守り法華経』ほか

法華経のあらまし　二十八章と開・結　**新装版**

2012年７月24日　新装第１刷発行
2020年３月10日　新装第２刷発行

著　　者　　©高　橋　勇　夫
発 行 者　　稲　川　博　久
発 行 所　　東　方　出　版㈱
〒543-0062　大阪市天王寺区逢阪２-３-２
T. 06-6779-9571　F. 06-6779-9573
装　　丁　　森　本　良　成
印 刷 所　　亜細亜印刷㈱

ISBN 978-4-86249-206-7　乱丁・落丁本はおとりかえいたします。

お守り 法華経	高橋勇夫	五〇〇円
法華百話【新装版】	高橋勇夫	一、二〇〇円
日蓮百話【新装版】	高橋勇夫	一、三〇〇円
仏典百話【新装版】	高橋勇夫	一、五〇〇円
現代訓読 法華経【新装版】	金森天章 訳	三、〇〇〇円
真訓対照 法華三部経	三木随法 編著	三、〇〇〇円
日蓮のことば365日【新装版】	岡元錬城	一、八〇〇円
墓と仏壇の意義【新装版】	八田幸雄	二、五〇〇円

＊表示の価格は消費税を含まない本体価格です＊